Licht für Städte

Ulrike Brandi, Christoph Geissmar-Brandi

Licht für Städte

Ein Leitfaden zur Lichtplanung im urbanen Raum

Birkhäuser – Verlag für Architektur
Basel · Boston · Berlin

Inhalt

Das elektrische Licht hat zu Beginn des 20. Jahrhunderts (mit Anfängen, die um 1880 in London lagen) die Dunkelheit zurückgedrängt und die Bedeutung der Nacht für unsere Städte erheblich verändert. Neben der Tagwelt entstand ein Nachtleben, dem ein innerer Zauber und zugleich eine faszinierende »Bedrohung« innewohnten. Die illuminierte Nacht hauchte den Städten eine neue Schönheit mit besonderer Aura ein.

Nun, zu Beginn des 21. Jahrhunderts, fragen sich viele nach dem Charakter des künftigen öffentlichen Lichtes im 21. Jahrhundert.

Für das richtige Konzept ist zunächst eine Analyse des vorhandenen Lichtes gegen Ende des 20. Jahrhunderts wichtig. Es besteht im Wesentlichen, wie schon zu Beginn, aus der funktionalen Beleuchtung und der Effektbeleuchtung. Überwiegend funktional geplant ist die Straßen- und Gehwegbeleuchtung, die den größten Teil des Lichtes erzeugt. Über lange Zeit davor sind Beleuchtungsanlagen im Freien additiv geplant worden, das heißt, es kamen einfach immer mehr Straßen, immer mehr Bebauung und damit immer mehr Licht »hinzu«. Technischer Fortschritt sowohl in den Netzen als auch bei den Leuchten und Lampen vollzog sich in Dekaden.

Über die Jahrzehnte hinweg sind so mehr oder weniger eng geknüpfte lokale Netze von »Straßenleuchten« entstanden, deren Licht inzwischen aus der Satellitenperspektive bis in den Weltraum sichtbar ist. Umgekehrt sehen wir heute an vielen Orten infolge der »Lichtverschmutzung« keinen richtig dunklen Himmel mehr.

Meist von kurzer Dauer ist die Effekt- oder Eventbeleuchtung in Form der Illumination von Fassaden, Monumenten oder vielfältigsten »Bühnen«, die durch ihre Breitenwirksamkeit immer viel Aufmerksamkeit auf sich ziehen konnte und kann. Heute spricht man gerne von Lichtinszenierungen und beschreibt damit oft unwillkürlich das temporäre, theaterhafte Wesen dieses Lichtes. Es ist mit der Reklamebeleuchtung, die in jede Metropole gehört, eng verwandt.

Weil uns das nächtliche Straßenlicht so selbstverständlich ist, vergessen wir oft das Ausmaß dieser *Besiedelung mit Licht* im Laufe der letzten 150 Jahre.

Über die Bedeutung der Innenstädte auf der einen Seite und die der Ausdehnung der Städte in die Peripherie hinein oder ihr Konglomerat zu Regionen auf der anderen Seite, fand in den letzten Jahren eine kontroverse Diskussion statt. Sie dauert noch an. Neben anderen Tendenzen ist eine Kraftanstrengung in Europa offensichtlich: viele Städter mühen sich um die Wiederherstellung ihrer einst äußerst attraktiven Innenstädte. Dabei spielt die Sanierung von Beleuchtungsanlagen und die Planung neuen Lichtes meist in den zentralen Bereichen der Städte stets eine große Rolle. Auf die verschiedenen Gründe dafür kommen wir zu sprechen. Es existieren bereits Paradebeispiele und eine entsprechend große Anzahl von Versuchen, ihnen nachzueifern. Noch mehr Ansätze stecken in den Köpfen der verantwortlichen Investoren, der Marketingfachleute, der

Werbegemeinschaften, der öffentlichen Verwaltung, der Energieerzeuger, der Zulieferindustrie, der unterschiedlichen Planer, der Bewohner und der Konsumenten in den Städten. All das kann münden in »Masterpläne« für das öffentliche Licht, die neben der Definition des Gesamtbildes meistens Entwürfe für spezielle städtische Bezirke oder »districts« enthalten. Oder es entsteht eine Vielfalt von Einzelinitiativen für gutes Licht.

Dieses Buch versteht sich in diesen Kontexten als konkreter Leitfaden zu einem besseren Licht auf städtischen Straßen, Gärten, Plätzen und Gebäuden. Zunächst ist es wichtig, den Ablauf der Planung zu erörtern, die zu neuem Licht führen soll. Das Fachwissen über neue Beleuchtungsanlagen im Außenbereich und ihre Steuerungsmöglichkeiten sind der zweite Aspekt. Gute Lösungen in der Stadtbeleuchtung erfordern die Phantasie, über die Alltagserscheinungen von Licht tags und nachts nachdenken zu können. Sie erscheinen zunächst sehr banal. Aber gerade die Alltäglichkeit von künstlichem Licht fordert uns in allen Facetten zu einer kleinen Phänomenologie mit Praxisbeispielen heraus, dem dritten Feld. Den Einfallsreichtum weiter zu befördern, versucht unser vierter Ansatz. Wie man an eine neue Beleuchtungsaufgabe entwerfend herangeht, beschreibt eine Geschichte; zu Beginn des Buches nähern wir uns der Stadt in einem sich verdichtenden Maßstab. Die Vogelperspektive des Einfliegenden wandelt sich bis in das Blickfeld des Fußgängers hinein. Ein guter Entwurf ist schließlich nicht möglich ohne einen Blick auf die historische Perspektiven des Stadtlichtes im besonderen und der des künstlichen Lichtes im kulturellen Zusammenhang. Wir schneiden dieses Thema kurz an. Der Anhang macht es leicht, das Thema weiter zu vertiefen.

Ulrike Brandi
Christoph Geissmar-Brandi
Im September 2006

Einführung: Fahrt in die Stadt

Licht macht die Stadträume nachts überhaupt erst zugänglich.
Die Symbiose des Lichts mit seiner Umgebung spielt sowohl in der
Architektur als auch in der Landschafts- und Stadtplanung eine
wesentliche Rolle.

Um das Licht in den verschiedenen Bereichen richtig mit dem umgebenden Stadtraum zu verbinden, stelle man sich zunächst vor,
man führe früh am Abend bei Dunkelheit nach einem Flug mit dem
Auto ins Stadtzentrum. Dabei ist das Denk- und Entwurfsmodell
nicht an eine europäische Stadt geknüpft, sondern generell über-
tragbar, denn es sucht ja die lokalen Entsprechungen.

Noch im Jet kann der Passagier im Anflug das Lichtermeer der Stadt erfassen.
Damit sieht er in einer Draufsicht die Struktur der Stadt vorbeiziehen: einen
Fluss, um den sich eine dichte Mitte aufbaut, die Transversalen, taghell
erleuchtete Sportplätze und Tankstellen, dunkle Parks und Industriegebiete.
Der Transitreisende sieht so den Ist-Zustand der Stadtbeleuchtung in
der Struktur eines Masterplanes Licht. Er erkennt die gegebenen Helligkeits-
verläufe und gebietsnahen Lichthierarchien der Stadt, auf die er zufliegt.

Vielleicht erkennt er kurz die bodennahen Signalfeuer der Rollbahn, bevor
seine Maschine auf das Vorfeld gelangt, einer extremen Variante unserer
Relation Licht-Raum.

Das Vorfeld ist ein bezugloser Raum, eigentlich nur eine Fläche, die von den extrem hohen Masten gleichmäßig und blendungsfrei ausgeleuchtet wird. Ein Flughafenvorfeld ist vom Licht her noch »maschineller« als die farbfernsehtaugliche und dementsprechend helle Flutlichtbeleuchtung in Stadien, einem besonderen öffentlichen Raum. Zwar ist das Vorfeld öffentlich, aber man kann es nicht betreten, es ist nur zum Rollen und Manövrieren da. Den auffälligsten Kontrast zur gepflegten Atmosphäre der Kabine und dem nächsten Raum erlebt der Passagier gleich nach dem Verlassen der Maschine. Wenn der Passagier nicht einen Bus besteigt und zum Terminaleingang gefahren wird, betritt er einen Finger, eine lieblose Metallhülse, die den Zugang zum Gate ermöglicht. Das gilt für alle Flughäfen und es erstaunt, dass sich noch niemand über diese gestalterischen Lücken Gedanken gemacht hat.

Rolltreppen und Laufbänder gehören immer zu diesen Passagen. Sie sind in der Regel hell mit bodennahem Licht beleuchtet, ganz charakteristisch mit Leuchtstofflampen. In die Treppen eingelassene Lichtquellen sorgen für das nötige blendfreie Licht und die Aufmerksamkeit beim Auf- und Absteigen; gerne spiegelt und bricht sich das Licht im harten Glas der Geländer.

Die Innenräume des Flughafens haben, lichttechnisch gesehen, einen hybriden Charakter. Die oft eintönige Beleuchtung von langen Gängen wechselt plötzlich zu aufwendigen Techniken, wenn der Fluggast in die Einkaufsbereiche kommt oder zu den Räumen, wo sich die Fluggesellschaften präsentieren.

Nach der Flughafenpassage setzt sich der hier imaginierte Planer in einen
Mietwagen in der Parkgarage. Für die Garagen gilt dasselbe wie für die Verbin-
dungswege vom Flugzeug in das repräsentative Flughafeninnere. Oft sind
es nur eine Tür und wenige Schritte, die hochwertige Räume von den phanta-
sielosen Autolagern trennen. Denn diese sind meistens nur schlecht und
diffus beleuchtet.

Seine nächste Umgebung bildet der Innenraum des Autos, der ihn mit allerlei
lichttechnischem Schnickschnack begrüßt, ohne dabei jedoch eine angenehme
Lichtqualität hervorzuzaubern. Dabei gehört das Autoinnere, auch was die
Nutzung des Tageslichtes angeht, zu den Urgesteinen der Beleuchtungstechnik.

Bei der Ausfahrt aus der Garage schaffen die Scheinwerfer seines Wagens ein
sehr helles, aber dadurch scharf abgegrenztes Sichtfeld auf dem Asphalt, was in
der unmittelbaren Umgebung des Autos eine gewisse Sicherheit suggeriert.

Die mehrspurige, auf die Stadt zuführende Trasse wird in der Regel mittels Natriumdampflampen aus ungefähr zwölf Meter Höhe hell und gleichmäßig ausgeleuchtet, zum Fahren reicht dies aus. Das Land neben der Fahrbahn ist zersiedelt, einzelne Lichtpunkte oder beleuchtete Reklame setzen die einzigen Akzente. Nach einiger Zeit nahen die Vorstädte. Auch ihre Nebenstraßen durchflutet das gelb-orange Natriumdampflicht. Aber die Lichtpunkthöhen sind nun schon niedriger, die Ausleuchtung der Straßen ist unregelmäßiger.

Das Licht der immer noch breiten Straße wird nun vielfältiger: die Lichtpunkthöhe der Straßenbeleuchtung ist erneut reduziert und vermutlich erzeugt
das weiße Leuchtstofflampenlicht aus Altanlagen die notwendige Helligkeit.
Die Ampeln mit ihren Farben treten hinzu, es gibt jetzt auch Signalleuchten.
Fußwege finden sich aus vier Metern Höhe beleuchtet, ergänzt durch das Licht
aus vereinzelten Schaufenstern.

Sonderbereiche mit anderem Licht wie Fußgängerüberwege, Bus- und Straßen-
bahnhaltestellen, U-Bahneingänge, selbst leuchtende oder angestrahlte
Hinweisschilder kommen hinzu. Insgesamt erscheint alles deutlich heller, aber
auch diffuser.

Mit der Einfahrt in die versteckte Parkgarage eines zentrumsnahen Business-
hotels endet die Autofahrt so, wie sie begann. Nach dem Check-in ist noch eine
Bummelei in der Innenstadt fällig. Aus einer kleineren dunklen Seitenstraße
kommt man zum hell erleuchteten Rathausplatz, vor 130 Jahren hat man diese
Inauguration in die Stadtplätze von Paris mit dem Betreten von Festsälen ver-
glichen. Die Rathausfassade hier ist von zwei Masten und gegenüberliegenden
Dächern aus erhellt.
Es befinden sich viele Leute auf dem Platz, obwohl es noch relativ früh am
Abend ist. Der Reisende will die Gastronomie in den umliegenden Geschäfts-
straßen besuchen. Alles zu Fuß.

Nach einigen Orientierungsversuchen passiert er eine ebenfalls recht helle Fußgängerzone. Alle Geschäfte sind geschlossen, aber »strahlen« aus ihren Schaufenstern. Die »Zone« ist reich »stadtmöbliert« mit einer Vielzahl von Schildern und Pollern sowie Reklamen an den Fassaden, die bis zur Traufhöhe reichen. Die Beleuchtung erschließt sich nicht – eine unbefriedigende Situation.

Im Hotel benutzt der Stadtgast ein Zimmer weiter oben. Er sieht nicht mehr das
Lichtermeer der Aufsicht, sondern den Lichthorizont der Stadt. Gibt der nun
noch etwas her?

Die imaginäre Fahrt in die Stadt hätte natürlich auch anders enden können. Sie bezeichnet aber das Wesentliche eines Entwurfsmodells, welches das Licht in der Stadt in einen besonderen Bezug zum Akteur und die ihn umgebenden Räume setzt. Räume, durch die sich jeder bewegt; der Stadtraum definiert sich durch einen andauernden *rite de passage*: in der imaginären Fahrt der Wechsel des Reisenden vom Auto zum Flugzeug, der Bahn, den öffentlichen Verkehrsmittel bis zur Fortbewegung zu Fuß. Die imaginäre Fahrt in die Stadt ist ein Modell für den Leser und Entwerfer. Das Modell versucht, die wechselnde Umgebung des Reisenden durch die Brille eines Lichtdesigners darzustellen. Alltägliche Erfahrungen sind für diese Fahrt zu einer gut nachvollziehbaren kleinen Reise durch die Stadtlichtstrukturen kondensiert.

Prozess 1

Konzeptentwicklung

Ein integratives Lichtkonzept, das Straßenlicht und Gebäudeinszenierung berücksichtigt, stärkt die Atmosphäre einer Stadt.

Handelnde und Ziele

Die Begriffe Lichtmasterplan, Stadtlichtkonzept, Plan Lumière kamen erst in den letzten Jahren in den Diskussionen über die Zukunft der (Innen-)Städte auf, ihre Definitionen entstehen parallel zu praktischen Planungsprozessen.[1] Die Akteure sind Stadtplanungsämter, Tiefbauämter, Stadtwerke, Werbegemeinschaften und Lichtplaner, ihre Objekte sind Städte und Citylagen ganz unterschiedlicher Größe sowie Ausstellungs- und Freizeitparks.

Einen geregelten Handlungsablauf, wie ihn beispielsweise die HOAI beim Planungs- und Bauprozess eines Gebäudes vorgibt, gibt es hier nicht, deshalb müssen sich die Beteiligten ihre Strategie erst gemeinsam erarbeiten. Die Initiative ergreifen hierbei häufig Stadtplanungsämter oder Geschäftsleute. Meist existiert vorher ein hoher »Leidensdruck«: Der öffentliche Raum ist nicht mehr attraktiv genug, die »Leute bleiben weg«. Wenn die Beteiligten zum Gestaltungsmittel »Licht« greifen wollen, haben sich einige grundlegende Erkenntnisse in der Regel bereits etabliert und sind daher Gründe für die Beauftragung eines Lichtmasterplans oder einzelner Lichtplanungen:

– Neues Licht auf Strassen und Plätzen ist eine optisch sehr wirkungsvolle und daher viel versprechende Maßnahme.

– Die vorhandenen Anlagen sind veraltet oder am Ende ihrer Lebensdauer und daher zwingend zu ersetzen.

– Das Licht zu verbessern ist, im Vergleich zu anderen Möglichkeiten, wie etwa der Umgestaltung von Straßen und Plätzen im Tiefbau, eine der kostengünstigsten nachhaltigen Initiativen. Die Realisierungschancen sind daher vergleichsweise hoch, und bereits relativ schnell rentieren sich die langfristigen Investitionen über Einspareffekte aufgrund geringeren Stromverbrauchs und der verlängerten Wartungsintervalle für den Austausch der Lampen.

– Die vergleichsweise vielen Planungsbeteiligten mit manchmal sehr unterschiedlichen Interessen erfordern ein hohes Maß an Abstimmung und Moderation. Die Standorte von Masten und geplante Abspannungen bedürfen häufig einer Erlaubnis, da sie in privates Eigentum hinein platziert werden müssen. Die »Geschmäcker« der einzelnen Geschäftsinhaber sind sehr verschieden. Eine einheitliche Planung zu erreichen, erfordert deshalb den Willen zur Integration in ein bestimmtes Erscheinungsbild. Schon ein Beteiligter, der sich »querstellt«, kann die neue Planung sehr erschweren. Auf der anderen Seite kann sich durch Einigkeit das abendliche Bild einer Straße sehr schnell verbessern und damit positiv auf den geschäftlichen Erfolg aller auswirken.

1 Einen Reader zur Diskussion vorzugsweise in Europa bietet: Klaus Selle (Hrsg.): Was ist los mit den öffentlichen Räumen? Analysen, Positionen, Konzepte, zweite Auflage, Aachen, Dortmund, Hannover 2003, Vertrieb durch Dortmunder Vertrieb für Bau- und Planungsliteratur

Bestandsanalyse und Konzeptentwicklung

Dem Wunsch nach Veränderung folgt die Frage nach einem tragfähigen Konzept. Erste Ansätze und Ideen kann ein Vortrag eines eingeladenen Lichtdesigners liefern, der über die entsprechende Erfahrung verfügt und Planungsbeispiele aus anderen Städten vorstellen kann.

Aus den Informationen des Vortrages lässt sich so eine Standortbestimmung vornehmen, um Vorgaben für ein Konzept zu erarbeiten.

1) Konzeptionsphase:

Der Kreis der Entscheidungsträger sollte sich hierbei auf die Initiatoren, besser noch allein auf deren Repräsentanten beschränken. Denn es hat sich gezeigt, dass wenn in der Konzeptfindungsphase zu viele Beteiligte an Entscheidungsprozessen mitwirken, oft keine Ergebnisse erzielt werden. Einer der Gründe hierfür liegt in der breiten Palette an unterschiedlichen Vorstellungen, die man von »anderem« Licht entwickeln kann. Denn es ist schwer, sich Licht vorab »zu überlegen« oder sich dabei zugleich seine Wirkung vorzustellen. Ist erst ein tragfähiges Konzept entwickelt, reicht dessen Überzeugungskraft regelmäßig weiter, und kann so leichter für den notwendigen breiten Konsens über die Neuerungen sorgen. Während dieser Konzeptionsphase lässt sich zudem gut festlegen, wer zum kurzfristigen oder ständigen Auftraggeber für die Arbeiten wird und diese koordiniert, zunächst noch unabhängig von den vorhandenen Mitteln.

2) Konzeptbeauftragung:

Das Verfahren zur Beauftragung eines Planers hängt von den Vergaberegeln des jeweiligen Auftraggebers ab. Öffentliche Träger können mit stadteigenen Gesellschaften die Zwänge des Haushalts- und Vergaberechtes umgehen und so mehr Gestaltungsfreiraum bei der Auftragsvergabe schaffen, private Träger können ihre Wettbewerbsbedingungen ohnehin weitgehend ungehindert formulieren. Daneben gibt es die klassisch ausgeschriebenen Wettbewerbe nach dem Standesrecht für Architekten und Landschaftsplaner. Diese Büros schließen sich dann mit Lichtplanern zu Wettbewerbsgemeinschaften zusammen. Das ist ein Weg, mit dem sich die Aufgabe notgedrungen ausweitet und die Vorteile einer Fokussierung auf »neues Licht« in den Hintergrund gedrängt werden könnte, der aber andererseits einen integralen Ansatz ermöglicht.

Um ein gutes Ergebnis zu erzielen, sollte der Auftrag zur Erarbeitung eines Konzeptes extern vergeben werden, weil sich das vorhandene Know-how in Behörden oder bei Betreibern in aller Regel auf den Bestand und den laufenden Betrieb konzentriert. Die Innovation, der »große Wurf«, muss des-

Luftaufnahme des Marktplatzes Leipzig:
Das Lichtkonzept bezieht die Umgebung
mit ein.

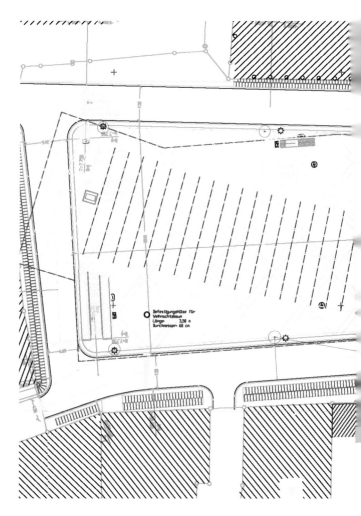

halb »von außen« kommen, vielleicht sogar aus einer anderen Stadt oder aus einem anderen Land.

Allerdings gibt es nur wenige Lichtplanungsbüros, die wirklich in den Dimensionen von großen, weitläufigen Freiräumen oder ganzen Innenstädten sowohl vom Entwurf her hochwertig, als auch präzise und langfristig planen können. Eine solche Planungsaufgabe erfordert langjährige und vielseitige praktische Erfahrungen, denn sie wird nirgends wirklich gelehrt und Fachplaner mit den entsprechenden Kompetenzen sind deshalb rar.

3) Honorar:

Das Honorar für einen Masterplan Licht ist frei verhandelbar, denn die Honorarordnungen kennen die notwendigen Leistungsbilder nicht. Um einen überzeugenden Plan zu entwickeln, braucht man Zeit und gute Ortskenntnisse. Es hat keinen Zweck, die Vorgaben der Planer hier wesentlich zu beschränken. Bewährt hat sich deshalb die Beauftragung in Stufen. Die Lichtmasterpläne haben im Übrigen den Vorteil, nur ein »Gewerk« isoliert zu planen und so alle Effekte und Möglichkeiten des Mediums Licht einzusetzen und wahrzunehmen.

Machbarkeitsstudie und Finanzierung

Nachdem ein Konzept steht, empfiehlt es sich, eine Machbarkeitsstudie zu entwickeln. Sie untersucht in allen Facetten die Realisierungsmöglichkeiten; die Studie bemüht sich um die Darstellung und Bewertung der Details, die der Umsetzung folgen würden. Damit hilft sie bei der Einwerbung der finanziellen Mittel. Sie kann bereits die maßgeblichen Kriterien für öffentliche Förderungsmittel benennen, konkrete Zusagen zur Bereitstellung von Haushaltsmitteln enthalten oder privaten Investoren relevante Nutzungen von Gewerbeflächen und des Freiraumes vermitteln.

Eine Studie, die neues Licht in öffentlichen Räumen untersucht, ermittelt dessen Einflüsse auf die umliegenden Hochbauten, die Ingenieurbauwerke, den Verkehr und schließlich den Freiraum selbst. Dabei stellt sie prinzipiell den vorhandenen Zustand dem zukünftigen, eventuell in mehreren Bauabschnitten geplanten Zustand gegenüber und bewertet Vor- und Nachteile des Vorhabens. Die Darstellung der gegenwärtigen Gegebenheiten schließt die Vergangenheit der Örtlichkeiten mit ein. Sie liegt meist unter der Erde: die vielen vorhandenen Trassen (Elektro-, Gas-, Wasser-, Telefon- und sonstigen Versorgungsleitungen), Schächte, der Bauuntergrund oder auch die gewachsenen Eigentumsverhältnisse an Grund und Sachen müssen Berücksichtigung finden.

Die Trasse der unter dem Markt gelegenen U-Bahnstation und das historische Rautenmuster des Platzes bestimmen die Standorte der hohen Lichtmasten.

Neumarkt Dresden: Die Frauenkirche
steht frei im Platz, die historisierenden
niedrigen Mastleuchten ordnen sich den
umgebenden Häuserfassaden zu.

Die Einhaltung von Vorschriften, Normen, Erlassen, Verordnungen und Satzungen ist ebenso Gegenstand dieser Untersuchung.

Interdisziplinär und übergreifend aus ihrem Ansatz heraus stellen die beauftragten Planer die Auswirkungen des neuen Lichts für jeden betroffenen Bereich einzeln dar, um auch die Einzelinteressen ausweisen zu können. Umliegende Häuser könnten sich etwa neu beleuchtet sehen lassen. Brücken, Zu- oder Abgänge zu U-Bahnen brauchen einen neuen »Lichtanschluss«. Verkehrsflüsse von Autos, Radfahrern und Fußgängern könnten ganz andere Wege nehmen als gehabt, falls das Budget das ermöglicht, und damit ein anderes Licht erfordern. Schließlich sind Veränderungen in der Straßen- und Platzgestaltung hinsichtlich der Bepflanzung, neuer Materialien, anderer Farben und der »Stadtmöbel« für das neue Licht in der Machbarkeitsstudie zu erwägen. Was nun im Einzelnen zu untersuchen ist, bleibt ortstypisch wie das Vorhergehende und Kommende des Prozesses auch.

Zurzeit werden eine Reihe neuer Betreibermodelle erarbeitet, die auf einen Wettbewerb in der Energieversorgung zielen: Da die öffentliche Beleuchtung eine konstante Menge an Energie in der Nacht verbraucht, einer Zeit schwacher Auslastung der Kraftwerke, ist es für alle Anbieter der Energieversorgung interessant, in diesen Wettbewerb einzusteigen. Denn ein entsprechender Auftrag garantiert durch langfristige Abnahmen eine kontinuierliche und gleichmäßigere Auslastung, mit gut planbaren und vertraglich fixierbaren Werten.

Gremien- und Öffentlichkeitsarbeit

Erst mit dem Dreiklang »Städtisches Lichtkonzept« – »Machbarkeitsstudie« – »Finanzierbarkeit« lassen sich die Gremien der öffentlichen Verwaltung und die Öffentlichkeit selbst überzeugen. Aus der fachlich vorbereiteten Leistung wird ein Politikum. Agieren müssen nun die überzeugten Auftraggeber. Inwieweit dies schnell zum Erfolg bis in die Umsetzung führt, ist ortstypisch und abhängig von einzelnen Personen und politischen Konstellationen und eine Frage der vorhergehenden Leistungen.

Die Planer können hierbei unterstützend wirken und für ihr Konzept werben. Dieser Prozess kann, wie der folgende der Beleuchtungsproben, längere Zeit in Anspruch nehmen und zu »Wiederholungen« der Vermittlungsbemühungen führen.

Beleuchtungsproben

Beleuchtungsproben sind ein sehr aufwendiges Verfahren, um die gewünschten Wirkungen vorzuführen. Aber sie haben sich im Gegensatz zu Computersimulationen und ähnlich teuren Mitteln unmittelbar bewährt und sind fachlich notwendig. Sie ergänzen die Machbarkeitsstudie um einen anschaulichen Teil im ausgewählten Pilotprojekt, während der Ausführungsplanung oder danach. Sie sind daher nicht Teil der Entwurfsplanung. Eine Beleuchtungsprobe vor Ort schärft den Blick der Beteiligten nicht nur bezüglich der gewünschten Lichtwirkungen; sie zeigt auch den Stadtraum im Dunkeln, in der vorigen Beleuchtung. Oft äußern Gremien während einer Beleuchtungsprobe, dass sie verschiedene Aspekte – auch besonders schöne – ihrer Stadt vorher nie wahrgenommen hatten.

Es ist schön, Lichtsituationen aus der Ferne und aus der Nähe zu beurteilen, Grenzen des technisch Möglichen auszuloten und das Optimum zwischen verschiedenen Lösungen auszuwählen.

In diesem Stadium wirken Hersteller von Leuchten – sie stellen die Muster – und Handwerker beziehungsweise ausführende Betriebe. Sie positionieren die zu bemusternden Leuchten und nehmen sie in Betrieb. Der Verlauf der Bemusterung erlaubt die »Tuchfühlung« mit Firmen, die für weitere Arbeiten in Frage kommen, und ist oft aufschlussreich. Es gibt viele regionale Unterschiede in Europa.

Auch Beleuchtungsproben müssen extra budgetiert werden. Ausführende Firmen erhalten eine Vergütung, der Planer ein Honorar. Ihr Aufwand ist nur kurzfristig disponierbar und oft hoch.

Marktplatz Leipzig: Beleuchtungsproben
mit einem Prototyp der Lichtmasten im
Schneetreiben

Außenleuchten samt Mast und Montage kosten pro Brennstelle zwischen 4000 – 6000 Euro, in Einzelfällen auch mehr. Das ist ungefähr das Zehnfache der Kosten für die Beleuchtung in einem Innenraum, pro Leuchte gerechnet. Obwohl Außenleuchten in der Regel langfristig »stehen bleiben« sollen, ist der Aufwand für den Transport, die Montage und die Inbetriebnahme solcher Leuchten in einer letztlich doch noch unverbindlichen Bemusterung vergleichsweise sehr hoch.

Konzeptumsetzung in Stufen

Die Investitionskosten für großflächige neue Beleuchtungsanlagen sind für die Betreiber in der Regel zu hoch, um sie kurzfristig zu realisieren. Man plant daher die Umsetzung schrittweise, auch um den Lebenszyklen der bereits installierten Beleuchtungsanlagen zu entsprechen. Auch das ist im Hinblick auf den erforderlichen Aufwand kein Unterfangen, das von einem Tag auf den nächsten zu machen ist. Je nach Programm sind, abhängig von der jeweiligen Haushaltslage und dem verfügbaren Budget, Realisierungszeiträume für Masterpläne von 5 – 10 Jahren keine Seltenheit. Einzelne städtische Bereiche sind mit dem Konsens der Beteiligten natürlich schneller zu bewältigen. Die lange Planungsdauer verlangt vom Auftraggeber so auch den entsprechenden Willen und die damit verbundene Unterstützung zur Realisierung. Freie Planer können diese in die Zukunft verlagerten Entscheidungen nicht beeinflussen. Masterpläne für Licht sind in ihrem Erfolg deshalb von einem hohen Maß an Kontinuität und Ausdauer der Beteiligten abhängig.

Licht- und Gestaltungssatzung

Der Masterplan Licht bündelt und illustriert die Lichtvorstellung von einer Stadt. Er gliedert und zeigt in Zeichnungen und Diagrammen die Absicht des Lichtplaners. Er trifft Zuordnungen und schafft Regeln und Freiräume für das Lichtbild dieser Stadt.
Ein paralleles und starkes Instrument ist eine »Lichtsatzung«. Sie ist keine Erläuterung eines Planes im klassischen Sinne, sondern die Satzung liefert für die Umsetzung des Planes klare Regeln, wie das vorhandene Umgebungslicht künftig richtig eingesetzt wird. Nur wenige Städte haben bereits solche Lichtsatzungen, einige reglementieren das Licht von Werbeanlagen, einige nutzen auch die Vorgaben der Denkmalpflege.
Nur wenigen Personen stehen die entwickelten Pläne tatsächlich konkret zur Verfügung und noch weniger Beteiligte lesen diese wirklich. Oft ändern sich

im Laufe der Zeit auch die Planvoraussetzungen. Daher ist ein klarer, kurzer, im Sinne einer Satzung abgefasster Text, der den Entwurfsgedanken festhält, konstruktiv. Den städtischen Ämtern fällt es so zudem leichter, die formulierten Ziele durchzusetzen.

Um langfristig wirksamen Gestaltungsgedanken zu Erfolgen zu verhelfen, lassen sich in großen Projekten auch übergeordnete »Leitlinien« formulieren.

Sie werden in einem frühen Stadium entwickelt, und stehen noch vor dem von Fachplanern entwickelten Masterplankonzept. Ziel der Gestaltungssatzungen ist es, die einzelnen Fachplaner nach übergeordneten Regeln zu einem einheitlichen Erscheinungsbild zu verpflichten.

Der Masterplan und bei großen Vorhaben zusätzlich eine für alle Fachplaner verbindliche Gestaltungssatzung sollten Bestandteile der Verträge sein.

Das Lichtkonzept der Stadt Hamburg zeigt unter anderem die wichtigen Gebäude und Plätze sowie den Wall.

Wirtschaftlichkeit und Leistungsbilder

Die Wirtschaftlichkeit neuer Beleuchtungsanlagen: Voraussetzungen

Neue Beleuchtungsanlagen können sich kurzfristig rechnen. Die Kostenberechnung teilt sich zunächst in Investitionen und Betriebskosten:

1) Investitionen: Was muss gekauft werden?
Für eine auf 15–20, manchmal auf 30 Jahre hinaus geplante Anlage braucht der Investor oder die Stadt oder die Gemeinde

- ein Lichtkonzept,
- neue Leuchten mit Leuchtmitteln und Masten,
- die Lieferung, Montage und Inbetriebnahme.

Vermutlich hat die Stadt oder Gemeinde hohe Betriebskosten und will diese vermeiden. Daher:

2) Betriebskosten: Wie kann man sie reduzieren beziehungsweise gering halten?
Dafür braucht die handelnde Stadt gute Angebote zur Energielieferung und zu Betrieb und Wartung oder beides aus einer Hand (Facility-Management des Energieanbieters).

	L-Nr.(xstck)	L-Nr.(xstck)	L-Nr.(xstck)	L-Nr.(xstck)	L-Nr.(xstck)	L-Nr.(xstck)	Ges.-kosten pro Jahr
Leuchtenkosten in Euro	–	–	–	–	–	–	
Leuchtmittelkosten in Euro	0,00	0,00	0,00	0,00	0,00	0,00	
Gesamtkosten mit Montage in Euro	–	–	–	–	–	–	
Betriebskosten (auf 6 Jahre) in Euro	0,00	0,00	0,00	0,00	0,00	0,00	
Brenndauer/Tag, Winter, 4 Monate in h	–	–	–	–	–	–	
Brenndauer/Tag, Sommer, 8 Monate in h	0,00	0,00	0,00	0,00	0,00	0,00	
Durchschnittl. Brenndauer/Jahr in h	–	–	–	–	–	–	
Lampenlebensdauer ca. in h	0,00	0,00	0,00	0,00	0,00	0,00	
Leistungsaufnahme inkl VG in kW	–	–	–	–	–	–	
Lampenwechselintervalle in Jahren	0,0	0,0	0,0	0,0	0,0	0,0	
Stromkosten 1. Jahr in Euro	–	–	–	–	–	–	
Lampenwechselkosten in Euro	0,00	0,00	0,00	0,00	0,00	0,00	
Stromkosten 2. Jahr in Euro	–	–	–	–	–	–	
Lampenwechselkosten in Euro	0,00	0,00	0,00	0,00	0,00	0,00	
Stromkosten 3. Jahr in Euro	–	–	–	–	–	–	
Lampenwechselkosten in Euro	0,00	0,00	0,00	0,00	0,00	0,00	
Stromkosten 4. Jahr in Euro	–	–	–	–	–	–	
Lampenwechselkosten in Euro	0,00	0,00	0,00	0,00	0,00	0,00	
Stromkosten 5. Jahr in Euro	–	–	–	–	–	–	
Lampenwechselkosten in Euro	0,00	0,00	0,00	0,00	0,00	0,00	
Stromkosten 6. Jahr in Euro	–	–	–	–	–	–	
Lampenwechselkosten in Euro	0,00	0,00	0,00	0,00	0,00	0,00	
Ges. Stromkosten (auf 6 Jahre) in Euro	–	–	–	–	–	–	
Ges. Lampenwechselkosten (auf 6 Jahre) in Euro	0,00	0,00	0,00	0,00	0,00	0,00	
Lampenwechsel	10 min/Leuchte	10 min/Leuchte	10 min/Leuchte	10 min/Leuchte	10 min/Leuchte	10 min/Leuchte	
Kosten Arbeitsstunde in Euro	0,00	0,00	0,00	0,00	0,00	0,00	
durchschnittliche Jahresgesamtkosten in Euro							–

Die Betriebskosten für die Neuanlage können viel niedriger sein. Das würde resultieren aus:

– längeren Intervallen beim Austausch der Leuchtmittel, und damit verbundenen
– längeren Wartungsintervallen,
– einem viel geringeren Stromverbrauch durch effizientere Lampen.

Die entscheidende Kostenreduzierung bietet die Verlängerung der Wartungsintervalle, die sich sofort in verminderten jährlichen Betriebskosten zeigt. Die investierende Stadt, handelt sie im privatwirtschaftlichen Rahmen oder öffentlich, gewinnt neben gesenkten Betriebskosten deswegen:

– sehr gutes, zeitgemäßes Licht im öffentlichen Raum,
– und damit eine erhöhte Attraktivität der beplanten Bereiche,
– und somit ein besseres Niveau zum Leben und Wirtschaften.

Mit den obigen Angaben lassen sich die zu erwartenden Kosten zunächst hochrechnen. Die Betriebskosten der Altanlagen muss der bisherige Betreiber kennen, die der Neuanlage lassen sich zahlenmäßig leicht ermitteln.

Die Planer geben Kostenschätzungen über die notwendigen Investitionen und Betriebskosten ab. Dabei legen sie Erfahrungswerte zugrunde, die sich auf Flächen oder Straßennetze beziehen.

Komplexer ist es, die Kosten verschiedener Beleuchtungsanlagen zu vergleichen, weil die Güte der Anlagen unterschiedlich ist. Der übliche Vorschlag (s. o.) ist, die in Anspruch genommenen Lichtmengen (Lumen in Brennstunden) zu quantifizieren und gegen die Kosten zu rechnen. Damit lässt sich zwar nicht der Zugewinn an Lichtqualität und die indirekten positiven Folgen beschreiben, aber man hat zumindest eine quantitative Aussage vorliegen.

Es wird sich auch lohnen, über verschiedene Finanzierungsmodelle Rat einzuholen, insbesondere bei den in Frage kommenden Energielieferanten. Bei diesen Unternehmen bündeln sich einige Vorteile. Durch hohe Rückstellungen verfügen sie häufig über eine gute Liquidität. Zugleich ist es grundsätzlich in ihrem Interesse, langfristig konstante Energiemengen zu liefern, um eine gut kalkulierbare Auslastung der Kraftwerke zu erreichen und dementsprechend günstig am offenen Markt zu bleiben. Die Stromerzeuger können also im eigenen lokalen Markt langfristig investieren und damit gleichzeitig einen gewissen Absatz sichern.

Die Schwierigkeit für Städte und Gemeinden ist dabei, dass, gemessen am Gesamtenergiebedarf, die Stadtbeleuchtung für die Energieanbieter nicht vorrangig ist, und nachts die Auslastung der Werke ohnehin gering und damit teuer ist, wenn man die Kosten auf die Notwendigkeit von Beleuchtung umschlägt.

Dieser Plan zeigt in verschiedenen
Farben den Leuchtenbestand der
Stadt Hannover im Jahr 2001.

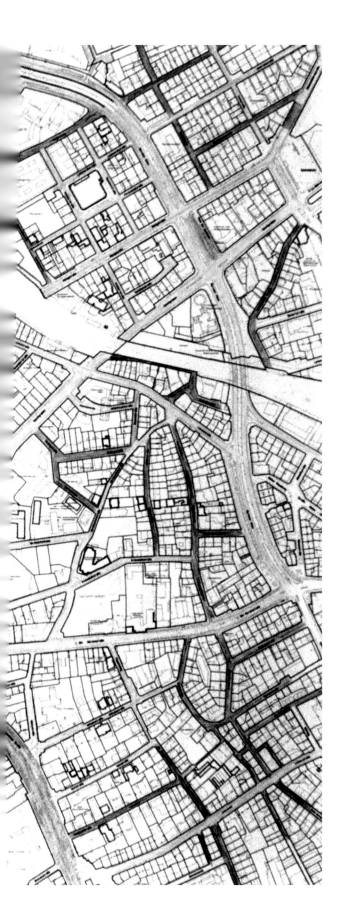

So wird es zu einer politischen Frage, ob überregionale und günstige Anbieter ihre ohnehin vorhandenen Kapazitäten besser auslasten oder ob lokale Anbieter ihren teuren Nachtstunden noch etwas abgewinnen können.

Die genauen Möglichkeiten zur Finanzierung lassen sich daher nur im Einzelfall ermitteln.

»Masterplan Licht«: Leistungsbild für Planer

Es gibt kein allgemein verbindliches Leistungsbild. Der Entwurf eines Lichtkonzeptes sollte die erste Phase des Leistungsbildes enthalten, die Beschreibung der Leistungen in der Ausführung die zweite.

Hier zunächst ein mögliches Leistungsbild in der ersten Phase:

1) Umsetzung eines Lichtkonzeptes in einen Masterplan Beleuchtung, Anforderungen:
  – Der Masterplan beschreibt das Beleuchtungskonzept für das Planungsgebiet.
  – Der Masterplan Licht gibt Richtlinien für die Beleuchtung einer Stadt vor; er berücksichtigt lokale Besonderheiten und verbindet Lichtthemen.
  – Neben den gestalterischen Vorgaben macht der Masterplan Licht auch Aussagen zu technischen und wirtschaftlichen Aspekten.

2) Planungsleistungen und Ergebnisse der Masterplanung Licht:
  – Bestandsaufnahme des Ist-Zustandes: Die Bestandsaufnahme der Lichtsituation geschieht mit Hilfe der örtlichen Ämter und dient als Grundlage für die weitere Planung. Überlegungen zum Zeitrahmen und erste Ideen zur Gestaltung werden entwickelt.
  – Entwurf des Masterplanes: Zunächst müssen Grundsysteme für verschiedene Straßentypen, Platzgrößen und Fassaden definiert werden, die auch bei schrittweiser Umsetzung ein stimmiges Gesamtlichtkonzept ermöglichen. Dabei ist es essentiell, sich mit dem Planungsgebiet genau auseinanderzusetzen und die Besonderheiten entsprechend herauszuarbeiten.
  – Je detaillierter die Festlegung der verschiedenen Grundkonzepte auch in Punkten wie Lichtfarbe, Beleuchtungsstärke etc. ist, desto ganzheitlicher erscheint schließlich das Gesamtbild. Zu berücksichtigen sind auch Fragen zur Sicherheit, Wirtschaftlichkeit und nachhaltigen, zukunftsorientierten Technologien.
  – Die Lichtsatzung des Lichtmasterplans: Die Lichtsatzung ist das erarbeitete »Richtliniendokument« für den Planungsbereich. Die Lichtsatzung ist eine genaue Beschreibung der geplanten Maßnahmen für die verschie-

denen Bereiche mit allen notwendigen Angaben (Leuchtentypen, Leuchtmittel etc.). In dieser Phase ist eine enge Zusammenarbeit mit der Stadt
und den anderen Planungsbeteiligten sehr wichtig.

Das Leistungsbild zur Ausführung der Planungen in der zweiten Phase führt das
erste fort:

1) Planung und Koordination von relevanten Beleuchtungssituationen des Masterplans:

– Weitere Konkretisierung der angestrebten Lösung: Darstellung der Lichtsatzung in CAD-Plänen, genaue Festlegung der Leuchten und Lampen
und Ermittlung der Leuchtenmengen und Kosten. Meist bezieht sich dieser Planungsschritt auf Teilbereiche des Planungsgebietes, da die Umsetzung schrittweise erfolgt und sich so auch über mehrere Jahre erstrecken
kann.

– Beleuchtungsprobe: Bei einer Beleuchtungsprobe wird die Lichtgestal-
tungsidee in einem Teilbereich zum Test nachgestellt. So ist es möglich,
einen Eindruck der Lichtwirkung vor Ort zu gewinnen. Angeboten
wird in der Regel eine Beleuchtungsprobe in zwei typischen Planungs-
gebieten.

2) Weiterführende Leistungen:

– Mitwirkung bei Veröffentlichungen, z.B. Auftritte auf Pressekonferenzen,
Vorträge, Interviews
– Visualisierungen
– Computermodelle beziehungsweise Simulationen
– Wirtschaftlichkeitsberechnungen der geplanten Systeme
– Designleistungen für Sonderleuchten

3) Honorare:

– Die Honorare basieren auf Erfahrungswerten von ähnlichen Projekten
vergleichbarer Größenordnung und sind pauschal ermittelt.
– In den Angeboten sind auch Stunden- und Tagessätze anzuführen, die
dann zum Tragen kommen, wenn der Auftraggeber zusätzliche Leistungen wünscht. (z.B. wiederholte Präsentationen, zusätzliche Beleuchtungsproben etc.)
– Die Planungsleistung »Entwurf« kann entsprechend der HOAI abgerech-
net werden.

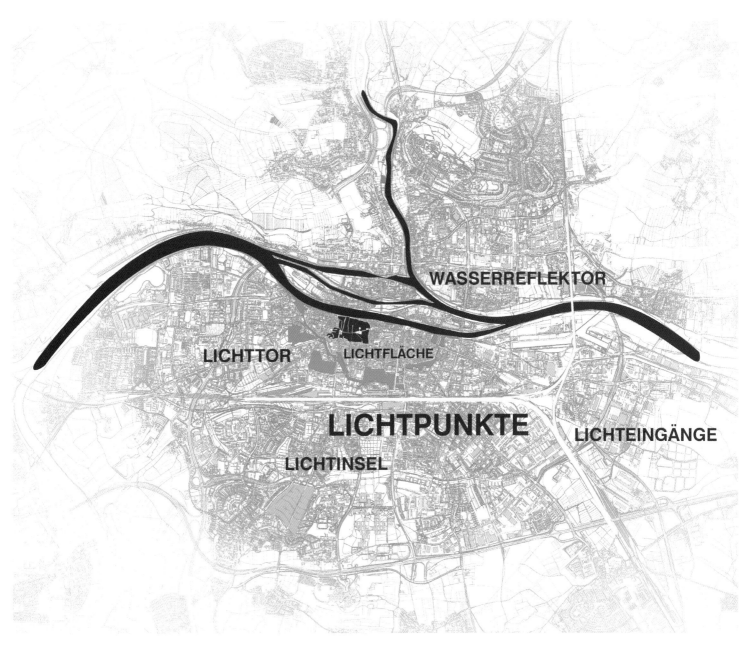

WASSERREFLEKTOR

LICHTTOR   LICHTFLÄCHE

LICHTPUNKTE

LICHTINSEL   LICHTEINGÄNGE

Wettbewerbsbeitrag für die Stadt Regens-
burg: Das zur Verfügung stehende Budget
ermöglicht einen Wettbewerb und erste
Pilotprojekte.

Vom Konzept zum Entwurf

Der Entwurf konkretisiert die Lichtthemen wie Hierarchien von Straßen und Wegen, den Raumeindruck von Plätzen, Licht auf und aus Fassaden, die Einbindung von Parks, den Umgang mit herausragenden Gebäuden sowie Nah- und Fernsicht.

Für den weiteren Verlauf ist zunächst entscheidend, ob es sich um die Planung einer neuen Anlage in einem neuen Objekt handelt (etwa in einem Freizeitpark) oder ob »im Bestand« geplant wird. Das Projektschicksal wird sich intern daran entscheiden, inwieweit es bereits im Entwurf, später dann in der Ausführung gelingt, parallel und voneinander abhängig die Vorstellungen zu detaillieren sowie einzuhalten und zwar in den Bereichen:

- Entwurf, Gestaltung
- Kosten
- Technik

und später dann in der

- Inbetriebnahme und Einführungsphase,

einem Schritt, der sich an die Ausführung anschließt, aber im Entwurf begründet ist.

Da die Pläne zum Licht keine in sich abgeschlossene Sache sind, sondern sich hinziehen, kann es zum Erfolg führen, die Projekte über die Fertigstellung hinaus von den Planern in einer Einführungsphase begleiten zu lassen.

Die parallele Detaillierung der Vorstellungen zu Entwurf, Kosten, Ausführungsplanung, Technik und Inbetriebnahme durchzuhalten ist in der Praxis schwierig und eine Frage der Qualität der beauftragten Büros. Doch verspricht dieser Ansatz den meisten Erfolg. Die heute öfter geübte Praxis, Projekt- und Kostensteuerung externen Büros zu überlassen, führt im Bereich Licht häufig zu schweren Fehlern. Da den »Projektsteuerern« das spezifische Know-how im Bereich Lichtplanung und dem damit verbundenen organisatorischen Erfordernissen in der Regel fehlt, ist oft Überforderung die Folge.

Ausführungsplanung

Die Ausführungspläne für Außenbeleuchtung bestimmen die präzisen Leuchtenstandorte. Sie legen die genaue Anzahl, den gewünschten Typ der Leuchte (oft herstellerabhängig) und die Lichtfarbe neben technischen Voraussetzungen wie Steuerungen und Vorschaltgeräten fest. Mit diesen Vorgaben ist dann eine Ausschreibung oder Bestellung der Produkte mit anschließender Montage möglich.

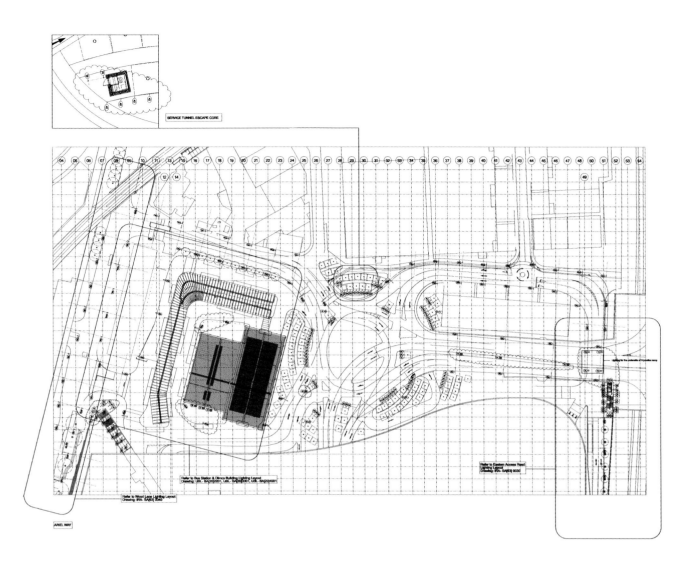

SERVICE TUNNEL ESCAPE CORE

ARIEL WAY

Refer to Wood Lane Lighting Layout
Drawing: IRA- SA[63] 0040

Refer to Bus Station & Dimco Building Lighting Layout
Drawing: UBL- BA[26]2001, UBL- BA[26]2301, UBL- BA[23]4001

Refer to Eastern Access Road
Lighting Layout
Drawing: IRA- SA[63] 0030

London White City Ausführungsplanung

NW CORNER ENTRANCE

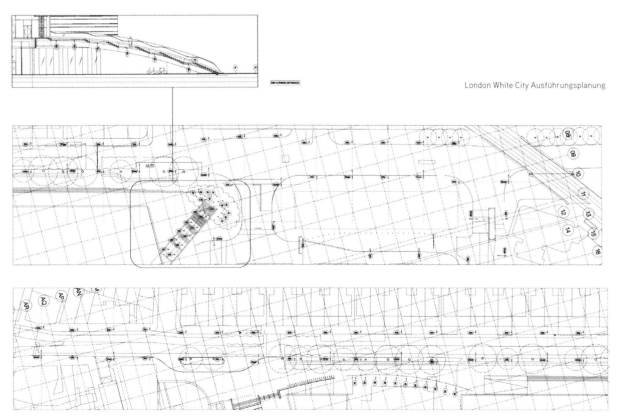

Die unter CAD erstellten Ausführungspläne sind sehr aufwendig zu zeichnen, weil die Pläne bis ins Detail in kleinere Maßstäbe transferiert werden müssen. Ein wichtiger Fixpunkt dieser Planungsphase sind die möglichen Auslässe und Montagepunkte.

Handelt es sich um komplette Neugestaltungen, müssen in der Regel ganz neue Pläne gezeichnet werden. Häufig versucht man sich aber auch mit den vorhandenen Bestandsplänen zu helfen und zu »improvisieren«.

Solange alle im Einvernehmen handeln können und die technischen Anforderungen an das neue Licht nicht aus dem Blick geraten, kann auch das zu guten Resultaten führen. Auch hier sind wieder die lokalen Besonderheiten, die Kommunikationsbereitschaft der Beteiligten und der Umfang der Beauftragung des Planers von entscheidender Bedeutung für die Qualität der Ausführung. Eine wesentliche Rolle hierbei spielen auch die nun anzusetzenden Bemusterungen.

Misslingt die Kommunikation, besteht die Gefahr, dass hochwertig ausgeschriebene Produkte und Planungsleistungen gegen vermeintlich billigere Technik getauscht werden oder dass der Ablauf ins Stocken gerät. So bleibt am Ende das schlecht ausgeführte Licht im Außenraum. Das sollte auf jeden Fall vermieden werden, vor allem wenn die Planung schon so weit gediehen ist.

Klassische Vergabe: Leistungsverzeichnisse und Ausschreibung

Die derzeit eingesetzte Software leitet die für das Leistungsverzeichnis erforderliche Anzahl an Lampen, Leuchten und technischem Equipment in der Regel direkt aus den Ausführungsplänen ab. Jeder unentdeckte Fehler im Ausführungsplan führt somit zu einem Nachtrag für das Leistungsverzeichnis und den damit verbundenen Konflikten.

Bevor das Leistungsverzeichnis erstellt wird, muss deshalb sichergestellt werden, dass alle Pläne mit den Beteiligten verbindlich abgestimmt sind, und alle auf Zeichnungen des gleichen Standes ihre verbindlichen Einträge gemacht haben. Die Schnittstellen zwischen den Leistungen der beauftragten Fachplaner wie Landschaftsarchitekten, Elektroingenieure, Lichtplaner und Projektsteuerer müssen zu diesem Zeitpunkt genau definiert werden.

Jede Leuchte samt technischem Equipment und Mast beziehungsweise Aufhängung muss exakt beschrieben sein. Die Hersteller halten entsprechende Texte vor, die der Planer sorgfältig prüfen muss. Zeichnungen und Ausschreibungsunterlagen müssen genau übereinstimmen.

Die Ausschreibung mit dem Leistungsverzeichnis muss eine Einleitung enthalten, die alle Ausschreibungsbedingungen beschreibt, sie muss vom Anbieter gegengezeichnet werden.

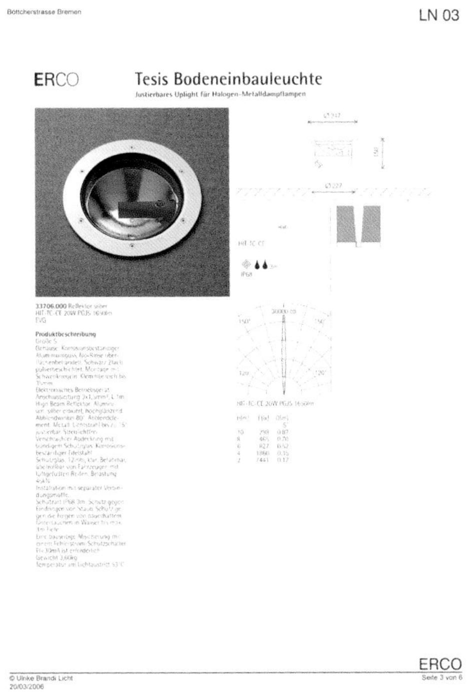
Böttcherstrasse Bremen

LN 03

ERCO Tesis Bodeneinbauleuchte

Justierbares Uplight für Halogen-Metalldampflampen

ERCO

© Ulrike Brandi Licht
20/03/2006

Seite 3 von 6

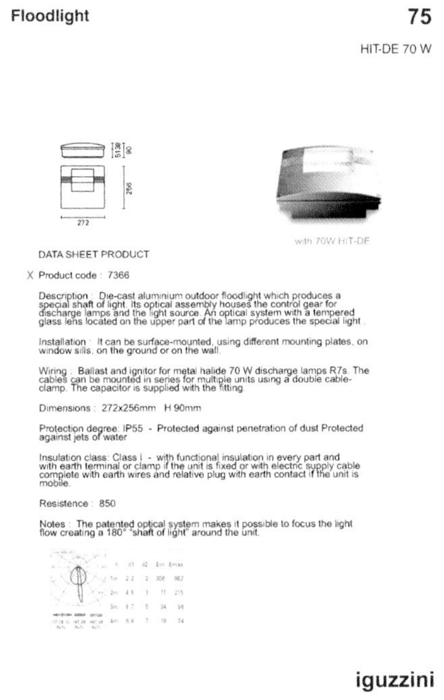
Floodlight 75

HIT-DE 70 W

with 70W HIT-DE

DATA SHEET PRODUCT

X Product code : 7366

Description : Die-cast aluminium outdoor floodlight which produces a special shaft of light. Its optical assembly houses the control gear for discharge lamps and the light source. An optical system with a tempered glass lens located on the upper part of the lamp produces the special light.

Installation : It can be surface-mounted, using different mounting plates, on window sills, on the ground or on the wall.

Wiring : Ballast and ignitor for metal halide 70 W discharge lamps R7s. The cables can be mounted in series for multiple units using a double cable-clamp. The capacitor is supplied with the fitting.

Dimensions : 272x256mm H 90mm

Protection degree: IP55 - Protected against penetration of dust Protected against jets of water

Insulation class: Class I - with functional insulation in every part and with earth terminal or clamp if the unit is fixed or with electric supply cable complete with earth wires and relative plug with earth contact if the unit is mobile.

Resistence : 850

Notes : The patented optical system makes it possible to focus the light flow creating a 180° "shaft of light" around the unit.

iguzzini

Datenblätter einzelner Leuchten

Die eigentliche Übergabe der Daten an die Anbieter (und ihre Rückgabe) erfolgt an vordefinierten digitalen Schnittstellen. Erfolgt die Auftragsvergabe, kann der Baubetrieb beginnen.

Alternativen zur klassischen Vergabe: zeitlich gestaffelte Aufträge

Der angeführte »klassische Weg« bezieht sich auf projektbezogene Ausschreibungen. Werden zur Realisierung des Masterplans jedoch Jahre benötigt, wie das in vielen Städten der Fall ist, ist es nicht sinnvoll, die im Masterplan vorgesehenen Leuchten immer neu auszuschreiben oder in regelmäßigen Abständen mit anderen Leistungen der Stadtbeleuchtung neu auszuschreiben. Der Plan umfasst, häufig einer Bemusterung folgend, einen Katalog von Leuchten oder hat zumindest Leuchtentypen definiert, wobei zwischen 10 und 20 Leuchtenarten realistisch sind. Die Auftragsgespräche können deshalb direkt mit den Herstellern geführt werden. Wie bei einer klassischen Vergabe empfiehlt es sich jedoch, diese sehr genau vorzubereiten, denn sie sind zeitaufwendig, weil zeitlich gestaffelte Aufträge für die Hersteller in der Regel eine komplexe kalkulatorische Herausforderung darstellen.
Dabei hat es sich – wie auch in der »klassischen Vergabe« – eingebürgert, den Auftrag zur Lieferung der Leuchten durch Hersteller oder Großhändler vom Auftrag zu ihrer Montage zu trennen. Manchmal liegt es im Interesse des Auftraggebers (besonders der Städte), so lokale Betriebe zu beteiligen, manchmal erhofft sich der Investor dadurch auch Preisvorteile. Das dabei nahezu immer auftretende Problem ist ein »gap« auf der Baustelle. Leuchtenlieferanten wie die Montagefirmen haben jeweils Verträge mit dem Auftraggeber über isolierte Leistungen und kein gemeinsames Interesse. Die Verantwortung für die Leuchtenlieferung endet bei Anlieferung. Alle danach entstehenden Unstimmigkeiten wie Diebstahl, Nachlieferungen oder falsche Angaben gehen somit zu Lasten der Montage beziehungsweise des Auftraggebers. Hieraus entstehen so selten stimmige Ausführungen. Empfehlenswert ist es deshalb, Lieferung und Montage in einer Hand zu belassen und die Umsetzung vor erfolgter Abnahme zunächst nach Leistungsfortschritt, und erst danach ganz zu bezahlen.

Nach der Montage: Ausrichtung der Leuchten und Steuerung

Zwei wichtige Dinge sind zu tun: die aufwendige Ausrichtung der Leuchten, falls dies nicht bereits während der Montage erfolgen konnte, und gegebenenfalls die Programmierung der Steuerung. Die Überwachung von beidem ist eine Leistung des Lichtplaners, da sie seinen Entwurf unmittelbar betreffen. Beide Tätigkeiten sind sehr aufwendig, da sie logischerweise nachts erfolgen müssen. Für die Ausrichtung von Strahlern werden Hubwagen und versierte Elektriker benötigt. Ebenso für die Programmierung der Steuerung, hier sollten auch die Fachleute der Hersteller beigezogen werden, denn keine Steuerung funktioniert auf Anhieb. Da die eventuelle Steuerung die ganze Nacht über läuft, muss sie auch so lange ausprobiert werden und ihre Funktion nach einem erfolgreichen Testlauf gegebenenfalls wieder überprüft werden.

Damit wäre die Anlage dann anschließend betriebsbereit geschaltet, und es liegt in den Händen des Auftraggebers, sie auch zu benutzen und publik zu machen; verbunden ist damit sicher die Hoffnung, dass der Benutzer des öffentlichen Raumes sie auch genießt, die Poesie eines Ortes anschaulich wird, und die Betreiber Freude an einer funktionierenden Technik haben.

Vorhandene Struktur und pittoreske Situationen	Parkinseln und Parkwege im Wallring	Umstrukturierung und neue Lichtinszenierung
LPH ca. 10 m, Lichtfarbe neutral bis warmweiß	Parkwege, niedrige LPH Lichtfarbe neutralweiß	neue Grüninszenierung temporär ggf. farbig
LPH ca. 4–7 m Lichtfarbe warmweiß	Bäume mit Mondlicht Lichtfarbe neutralweiß	Lichtgestaltung neue Plätze, warme Lichtfarbe
Fassadenbeleuchtung Lichtfarbe warmweiß	Übergänge Wallring, Kantenbeleuchtung grünlich/bläulich	Lichtaktionen Gebäude / Plätze, temporär ggf. farbig o. differenziert weiß
Lichtakzente für Orientierungspunkte, Lichtfarbe warmweiß		

Masterplan Oldenburg: Der Masterplan beinhaltet das Gesamtkonzept Licht für die Stadt, einzelne Bereiche können sukzessive realisiert werden.

Normen und Empfehlungen: Möglichkeiten und Grenzen

Beleuchtungsanlagen haben sei jeher einen selbstverständlichen praktischen Nutzen: sie bieten Orientierung und Sicherheit im Dunklen. Die hierfür benötigten Beleuchtungsstärken für verschiedenste Bereiche sind in einigen Fällen in Normen festgelegt und lassen sich leicht berechnen, sie einzuhalten ist kein technisches, aber oft ein gestalterisches Problem. Die Normen beschäftigen sich fast ausschließlich damit, wie viel Helligkeit zu veranschlagen ist und wie gleichmäßig dieses Licht abgegeben beziehungsweise gestreut werden kann. Normen sind quantitativ entwickelt und geben zu qualitativen Aspekten des Außenlichtes kaum Auskunft, sie dienen nur als Empfehlungen.

Da Normen zur Außenbeleuchtung hauptsächlich entwickelt wurden, um den Straßenverkehr sicherer zu machen, liegen ihnen vor allem Untersuchungen zur Wahrnehmungsfähigkeit des Autofahrers zugrunde, weniger zu der des Fußgängers. Letztlich ist entscheidend, wie Straßen-, Platz- und Fassadenbeleuchtung miteinander als Ganzes in Einklang gebracht werden können.

Ihre eigentliche Bedeutung für Auftraggeber und Planer erlangen Normen und Richtwerte daher nur in Haftungsfällen. Gerichte entscheiden »nach Stand der Technik« und können in Zweifelsfällen die in den Normen verankerten Werte als maßgeblich heranziehen. Daher sollte man Normen erst einmal grundsätzlich beachten und mit dem Auftraggeber absprechen. Sie gehören zum Handwerk. Stellt sich in einzelnen Situationen jedoch heraus, dass die Norm »stört«, zu einem falschen Resultat führt oder die Situation gar nicht erfassen kann, was bei Planern wie bei Auftraggebern vorkommt, kann man sich gemeinsam (schriftlich) darauf verständigen, zusammen einen anderen Weg gehen. Einige Städte halten sich bewusst nicht an die Normen, um Energie zu sparen und Kosten zu senken, indem zum Beispiel Brennstellen reduziert werden oder das Licht nachtsüber zeitweise oder ganz ausgeschaltet wird.

»Lichtverschmutzung«: Strategien zur Vermeidung

Dass neue Beleuchtungsanlagen »mehr können« als die Altanlagen verdanken
sie technischem Fortschritt vor allem in der Lampentechnologie und den
sich mehrenden Erkenntnissen über den Einfluss des Lichtes auf seine Umgebung beziehungsweise der Umwelt in toto.

Ein wichtiges Bestreben ist die Vermeidung von Lichtverschmutzung. Viele
Altanlagen sind ungenügend entblendet und besitzen keine oder schlechte Reflektoren. Ihr Licht strahlt häufig in alle Richtungen und erzeugt so »Streu-
verluste«. Zu den bekanntesten Beispielen zählen die so genannten Kugelleucht-
en, die infolge ihrer zurückhaltenden Form lange sehr beliebt waren. Aber sie
strahlen sogar gegen den Himmel. In vielen Zonen der Erde ist der so erzeugte
Lichtnebel bereits so hell, dass die Wahrnehmung des Nachthimmels beein-
trächtigt ist. Seit 1988 gibt es eine internationale Dark-Sky-Association, die
sich für den Schutz des Nachthimmels und gegen Lichtverschmutzung einsetzt.
Jeder kennt inzwischen die Satellitenbilder der leuchtenden Stadtkonglomera-
tionen dieser Erde. Zeitgemäßes Licht ist präzise gerichtet und »nach oben hin«
abgeschirmt. So gehen das Licht und seine Energie nicht verloren.
Qualitätvolles Licht ist auch, so weit es geht, entblendet. Zwar schmälern Ent-
blendungstechniken den Wirkungsgrad der Leuchten. Für ein gerichtetes
und nahezu blendfreies Licht sollte man das aber in Kauf nehmen. Die Akzep-
tanz neuer Anlagen leidet besonders unter (manchmal auch eingebildeten)
Blendungen.

Es ist daher wichtig, eine optimale Balance zu schaffen zwischen dem gewünschten Lichteffekt auf Flächen, Fassaden oder Objekten einerseits, und
der in Kauf zu nehmenden, gleichwohl möglichst geringen Blendung aus
denkbar wenigen Richtungen andererseits.

Dies gilt auch für Lichtimmissionen. Sie entstehen zum Beispiel, wenn private
Räume öffentlich zu stark beleuchtet werden, etwa Vorgärten oder Fassaden,
so dass vermehrt Licht in die Wohnungen gelangt.

Das ungerichtete oder ungenügend entblendete Licht hat einen ganz wesentlichen und durch die lange Lebensdauer der Anlagen bedingten bleibenden
Anteil an der derzeit schlechten Lichtqualität in unseren Städten. Besseres Licht
ist aus dieser Perspektive nicht eine Frage fehlender Ideen oder temporärer
Inszenierungen, sondern eine Frage von eigenständigen Entwürfen in Verbindung mit dem gekonnten Einsatz technischer Neuerungen. Dazu gehört
auch die Einsicht, dass weniger Licht oft besser ist als mehr und die damit verbundene Helligkeit.

Lichtemissionen in Europa und die
damit einhergehende Unsichtbarkeit
der Sterne

Die richtigen Lampen für den Außenbereich: Auswahlkriterien

Die Lampen bilden den Kern eines Lichtkonzeptes. Ihre technischen Eigenschaften beeinflussen die Lichtatmosphäre wesentlich; sie werfen brillantes oder weiches Licht, kaltes oder warmes, helles oder schwaches, scharf abgegrenztes oder unscharf verlaufendes Licht. Ihr Licht hat unterschiedliche Farbtemperaturen (warmweiß bis 3300 Grad Kelvin – neutralweiß 3300 bis 5000 Kelvin – tageslichtweiß über 5000 Kelvin) und verschiedene Farbwiedergabeindizes (Ra).

Die Lampen bestimmen auch die Funktionsweise einer ganzen Lichtanlage: Die Gruppe der Leuchtstofflampen lässt sich schnell einschalten, die verschiedenen Metalldampflampen brauchen eine gewisse Zeit, besonders beim Heiß-Wiederzünden, bis sie annähernd den Betriebslichtstrom erreicht haben. Jede Lichtanlage ist nur so lange schön, wie sie auch funktioniert, daher spielt die jeweilige Lebensdauer von Lampen eine wesentliche Rolle. Je länger diese ist, umso größer ist die Chance, dass die Lampen rechtzeitig ausgewechselt werden, und umso weniger lohnintensiv und kostspielig ist somit die Wartung. In vielen Städten in Deutschland strebt man zurzeit an, die Wartungsintervalle von Straßenbeleuchtung von zwei auf vier Jahre zu verlängern.

So bestimmen die eingesetzten Lampen ganz besonders die Wirtschaftlichkeit von Lichtanlagen, nicht nur durch die Investitionskosten (Leuchtstofflampen kosten Bruchteile von Metalldampflampen) sondern auch durch ihre Lebensdauer und Lichtausbeute. Eine Natriumdampfniederdrucklampe (wie sie oft über Zebrastreifen zu sehen sind, mit monochromem gelbem Licht) erzeugt ca. 100–180 Lumen/Watt, eine Leuchtstofflampe ca. 80–100 Lumen/Watt (aber mit weißem Licht), eine Halogenglühlampe ca. 15–22 Lumen/Watt. (Daher werden diese in der öffentlichen Beleuchtung so gut wie nie eingesetzt.) Hier entsteht ein Konflikt zwischen der Wirtschaftlichkeit eines Leuchtmittels und der Qualität des von ihr ausgesandten Lichtes: je besser die Lichtqualität (im Wesentlichen die Farbwiedergabe und die Farbtemperatur), umso geringer ist die Lichtausbeute. Die richtige Balance zwischen beiden Polen zu finden, ist ein Ziel guter Lichtplanung.

Die Lampe beeinflusst außerdem das Design der Leuchte. Ihre Form und Größe bestimmen den Leuchtenkopf – alle Lampen, im öffentlichen Raum, brauchen Betriebsgeräte, die zusätzlich untergebracht werden müssen.

Lampenarten im Außenraum:

	Elektrische Leistung (Watt) von – bis	Lichtstrom (Lumen) von – bis	Lichtausbeute (Lumen/Watt) von – bis	Farbwiedergabestufen	Lichtfarbe
Stabförmige Leuchtstofflampen					
1 Dreibandenlampe Ø 26	18 – 15	1.350 – 5.200	75[1] – 93[1]	1B	ww, nw, tw
Kompaktleuchtstofflampen					
2 2 Rohrlampe	18 – 57	1.200 – 4.800	67 – 88	1B	ww, nw
3 2-, 4- und 6- Rohrlampe	5 – 57	250 – 4.300	50 – 75	1B	ww, nw
Quecksilberdampflampe					
4 Elipsoidform	50 – 1.000	1.800 – 58.000	36 – 58	2B, 3	ww, nw
Natriumdampfhochdrucklampen					
5 Mit Doppelbrenner	50 – 400	4.000 – 55.000	80 – 138	4	ww
6 Mit Stecksockel	35 – 100	1.300 – 5.000	39 – 52	1B	ww
7 Mit Xenon	50 – 80	3.600 – 6.000	72 – 75	3	ww
8 Röhrenform	35 – 1.000	1.800 – 130.000	51 – 130	4	ww
Natriumdampfniederdrucklampe					
9 Natriumdampfniederdrucklampe	18 – 185	1.800 – 32.000	100 – 190		
Halogenmetalldampflampen					
10 Röhrenform (ohne Abbildung)	250 – 2.000	20.000 – 200.000	69 – 100	1A, 1B	nw, tw
11 Mit Stecksockel	35 – 150	3.400 – 14.000	87 – 95	1B	ww
12 Zweiseitig gesockelt	70 – 400	6.300 – 36.000	90 – 91	1B	ww
LED					
13 LED	0,7 – 1,5	18 – 27	13 – 23	1B	

Lampen (nicht maßstabsgerecht)

1   Dreibandenleuchtstofflampe
2   Kompaktleuchtstofflampe
3   Kompaktleuchtstofflampe
4   Quecksilberdampflampe
5   Natriumdampfhochdrucklampe, mit Doppelbrenner
6   Natriumdampfhochdrucklampe, mit Stecksockel
7   Natriumdampfhochdrucklampe, mit Xenon
8   Natriumdampfhochdrucklampe, Röhrenform
9   Natriumdampfniederdrucklampe
11   Halogenmetalldampflampe
12   Halogenmetalldampflampe, zweiseitig gesockelt
13   LED

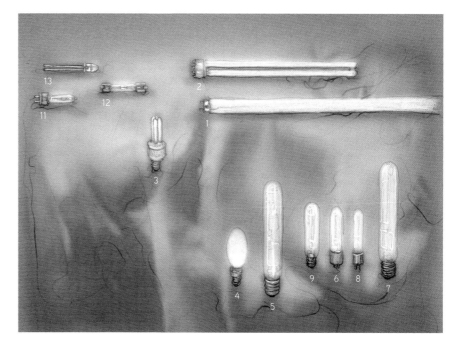

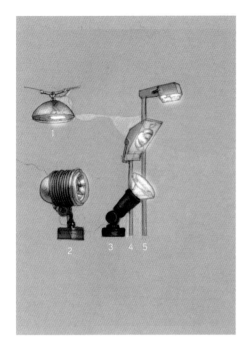

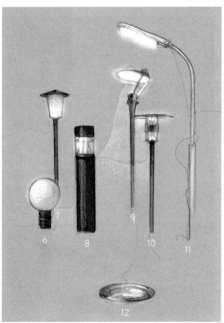

Leuchtenarten im Außenraum (nicht maßstabsgerecht)

1   Pendelleuchte an einer Seilüberspannung
2,3 Flexible Strahler
4   Flächenstrahler
5   Kofferleuchte
6   Kugelleuchte
7   Mastaufsatzleuchte
8   Pollerleuchte
9   Indirektleuchte mit Kalottenreflektor
10   Mastaufsatzleuchte
11   Peitschenleuchte
12   Bodeneinbauleuchte

Leuchten, Masten und Befestigungspunkte: Anforderungen und Perspektiven

Der Begriff »Leuchte« stammt eigentlich aus dem Kunstlichtbereich und ist im Zusammenhang mit Stadtbeleuchtung unpräzise. Im Außenraum bezeichnet Leuchte immer dann, wenn sie von Masten oder Aufhängungen getragen wird, häufig nur den Leuchtenkopf. Die technisch eher unscheinbaren »Befestigungsmittel« schaffen aber allein durch ihre Verbreitung und Notwendigkeit immer wieder innovative Fragestellungen in den Planungsprozessen. Wie und wo können neue Leuchten bestmöglich befestigt werden? Die Frage zielt auf die Auslasspunkte, das sind die Orte, wo Strom unproblematisch zur Verfügung steht. Häufig sind sie nicht dort, wo man sie für die neue Anlage bräuchte. Masten und Verspannungen wären zwar vorhanden, sollte man sie neu platzieren? Sie geben Lichtpunkthöhen, Abstände und Wartungsmöglichkeiten vor, die den Serviceleuten bekannt sind. Oder ist es sinnvoller, sich auf einen Kompromiss mit den Standorten und Befestigungspunkten für die nächsten 20 Jahre einzulassen? Damit nimmt man aber eine lichttechnisch nicht optimale Lösung in Kauf.

Während es eine Vielzahl von Leuchtenköpfen gibt, variieren die am Markt verfügbaren Masten bisher wenig, es sind häufig Standardprodukte aus Serienfertigungen ohne besonderen gestalterischen Anspruch. Die gängige Ansicht in den neuen, nicht historisierenden Lösungen ist, Masten und Leuchten soweit wie möglich als zurückhaltende Elemente im öffentlichen Raum zu zeigen. Manche Entwürfe der letzten Jahre wollten auch darauf verzichten und nur mit bodennahem Licht agieren oder suchten nach exaltierten Mastlösungen. Der graue Straßenmast sollte sich in den Händen von Gestaltern in eine Stadtskulptur verwandeln können. Beide Ansätze sind wohl zeitgebunden, eine Modeerscheinung.

Eine zukunftsträchtige Entwicklungsmöglichkeit liegt technisch gesehen in »Baukästen« für Leuchten und Zubehör einschließlich Masten. Diese »modularen« Lösungen für die Installation von Leuchten verfolgt auch die Leuchtenindustrie seit einigen Jahren, Fertigung und Distribution sind flexibler geworden. Dabei gibt es inzwischen eine Vielfalt von technischen Lösungen, die sich in variierenden Leuchtentypen relativ problemlos durch die jeweiligen Hersteller einsetzen lassen. Damit kann ein versierter Planer das Licht sehr präzise für den jeweiligen Ort bestimmen, ohne auf Serienprodukte und ihre fortlaufende Unterstützung durch die Hersteller verzichten zu müssen.

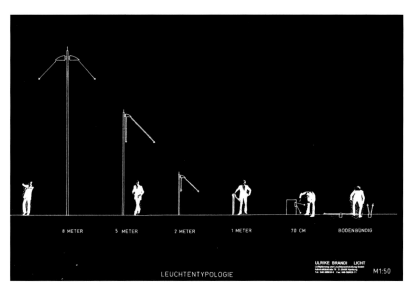

Die Lichtpunkthöhen bestimmen die
Atmosphäre, aber auch die Wirtschaftlichkeit eines Projektes.

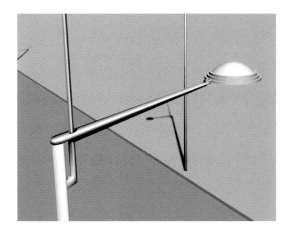

Standard-Leuchtenköpfe mit Masten,
deren Entwicklung für ein spezielles
Projekt stattfand

Die Leuchtenfamilie: Vorteile

Sehr bewährt hat sich auch der Einsatz einer »Leuchtenfamilie«. Ihr Grundgedanke ist einerseits das einheitliche Bild der Beleuchtungsanlage in der
Stadt, andererseits bietet eine miteinander verknüpfte Gruppe von Leuchten auch technisch Vorteile. Eine solche »Familie« lässt sich viel besser warten
und betreiben als eine Vielzahl von Leuchtentypen. Infolge der zu erzielen-
den Stückzahlen über die kommenden Jahre können die Hersteller besonders attraktive Angebote machen. Eine Leuchtenfamilie zu entwickeln, anzu-
bieten und in das Stadtbild zu integrieren, ist für den Planer eine Aufgabe, die
viel Sorgfalt und Überlegung erfordert. Die Leuchten werden zu den wenigen
einheitlichen Merkmalen der Umgebung zählen. Sie haben damit eine iden-
titätsstiftende und verbindende Funktion. Auch ein einheitliches Masten-
modell für verschiedene Leuchtmittel mit unterschiedlicher Wattzahl für alle
Höhen gehört zu einer Leuchtenfamilie. Mit ihren verschiedenen Rastern in
der Positionierung bilden sie zusammen mit den aufgesetzten Leuchten ein
zusammenhängendes Gefüge. Die Gruppe sollte Leuchtenpositionen, ausgehend vom Boden, bis in 16 Meter Höhe abdecken und damit die ganze Band-
breite der denkbaren Lichttechniken ermöglichen. Beginnend mit Pollern von
einem Meter Höhe sollten Masten von vier, acht, zwölf und 16 Meter Höhe zur
Verfügung stehen.
Die Masten können auch weitere Funktionen im Stadtbild oder auf einem
Gelände übernehmen. Man kann entweder jeder Funktion (der Ampel, dem
Straßenschild, dem Hinweisschild, dem Feuermelder, technischen Informationen etc.) einen besonderen Platz zuweisen – was in Deutschland beliebt ist –
oder diese vielen Funktionen im Stadtbild und im Verkehr an einer Stelle bündeln – mit entsprechenden Masten wie zum Beispiel in New York City. Eine
mehr »zentralisierte« Lösung ist meist unübersichtlich, die »dezentralisierte«
Lösung führt häufig zu einem unschönen »Schilderwald« oder »überstylten«
Lösungen.
Eine ideale Leuchtenfamilie deckt möglichst viele vorkommende Anwen-
dungen von Licht standardmäßig ab. Entsprechend der Nutzung der Leuchte
entstehen dabei Hierarchien, die sich in verschiedenen Lichtpunkthöhen und

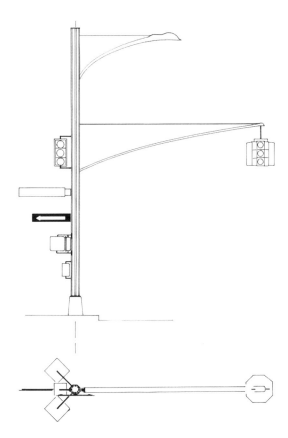

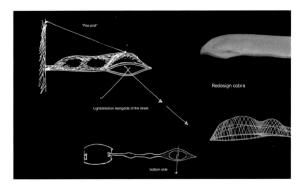

Wettbewerbsbeitrag für die Stadt
New York. Dort trägt der Mast verschie-
denen Elemente: Licht, Verkehrszeichen,
Straßenschilder, Verkehrskörbe.

Abstrahlcharakteristiken, Lichtverteilung genannt, widerspiegeln. Diese Hierarchien breiten sich ebenfalls über das gesamte Gelände oder den beplanten Bereich aus. Innerhalb des Masterplans entsteht so ein großes Instrumentarium von Lichtszenen, das ein variantenreiches und stimmiges Gesamtbild schaffen kann. Dazu gehört ebenfalls die Abstimmung der Lichtfarben im »weißen« Bereich des Lichts. Die Farben changieren von sehr kalten, tageslichtähnlichen Tönen bis zu den warmen, die dem Licht der Glühlampe ähneln. Dominieren die warmen Farben in den niedrigen, fußläufigen Bereichen, dann wirkt die Lichtsituation selbstverständlich, es entsteht ein uns vertrautes Licht. Hohe Lichtpunkte mit ihrem gleichmäßigen, aber anonymen Licht im Straßenverkehrsbereich können kältere Lichtfarben erhalten.

Leuchten als Designfaktor: Chancen und Möglichkeiten

Masten und Leuchten kommt im öffentlichen Raum eine gewisse Zwitterstellung zu. Bänke, Poller, Papierkörbe, alle diese »Stadtmöbel« haben klare Funktionen und sind mehr oder weniger einfach zu konstruieren. Ihre Positionen in der Stadt sind recht unabhängig. Leuchten hingegen brauchen Strom, sie müssen an bestimmten Stellen stehen und sind unbedingt notwendig. Die Stadt funktioniert auch ohne Bänke und Poller, aber nicht ohne Licht in der Nacht. Das öffentliche Licht ist daher ein sehr weit verzweigtes städtisches Netzwerk, an dem lange gearbeitet wurde. Es gehört zu den das Stadtleben bestimmenden Details.[1] Jede Stadt schafft so ihr eigenes Licht mit seinen eigenen Leuchten – man erkennt die Unterschiede bei näherem Hinsehen schnell: Das Erscheinungsbild der öffentlichen Beleuchtung ist in Paris oder London anders als in Hamburg. Es ist sehr lokaltypisch.
Im Entwurf und der Installation ortstypischer Leuchten und Masten könnte für das Stadtmarketing mit Licht eine »Chance im Detail« bestehen. Es wäre eines dieser i-Tüpfelchen, um die eigenen Ideen auszubauen. Nicht dass Leuchten im Stadtbild eine Sensation wären, aber es gibt Tausende von Leuchten und sie gehören zum täglichen Straßenbild. Ein durchdachtes Design würde helfen, das Stadtbild dauerhaft zu verbessern und ihm zusätzliches Profil zu verleihen. Eine schöne Idee wäre die Einführung eines eigenen Leuchtendesigns mit bereits existierender Technik. Das kann sich für Städte und Hersteller lohnen, wenn man über die Jahre hinweg bestimmte Stückzahlen vereinbart. Als zweite Maßnahme sollte man über die Masten nachdenken; sie sind nicht nur Leuchtenhalter, sondern sind auch als Ampeln, beleuchtete Hinweisschilder, Infopunkte zu gebrauchen. Das spart Installationskosten und macht das Stadtbild schlichter

1 Diesen Beobachtungen trägt Virginia Comer in einem schmalen Band Rechnung: Virginia Comer: Streetlights Urban Details Los Angeles, 2000, im Selbstverlag

und prägnanter. Einen Masten zu finden, der formal besticht und alle technischen Vorrichtungen besitzt, wäre ein neuer Impuls im Einerlei der vorhandenen altbewährten Standardmasten.

In vielen Städten finden sich mit modernen Leuchtmitteln ausgestattete, historische Laternen. Die Glaswände dieser Leuchten geben den Blick frei auf nackte Lampen, die blenden und formal nicht in ihr historisches Gehäuse passen. Ohne gut entwickelte Blendlamellen, Diffusoren oder Reflektoren funktionieren diese Leuchten nicht und verderben den Lichteindruck einer Stadt oder eines Platzes. Fassaden, die sich hinter solchen Leuchten befinden, kann man vor lauter Blendung nicht erkennen.

Eine Alternative zur Installation ortstypischer Anlagen sind möglichst »unsichtbare« Leuchten. Man kann versuchen, die Leuchten und Masten möglichst unauffällig zu machen, so dass man sie tendenziell übersieht. Dahinter steckt der alte Traum vom zeitlosen Design. Viele der heute angebotenen Leuchten sind historisierend oder so sehr dem Zeitgeist nach gestaltet, dass fraglich ist, ob diese Wahl in zehn Jahren noch Bestand hat.

Steuerungsmöglichkeiten des Stadtlichts: Ausblick

Das zukünftige Licht in den Städten wird wie in den Gebäuden weitgehend zentral und gleichzeitig lokal beeinflussbar sein. Man wird Zeitpunkte und Zeitfenster für den Betrieb der Anlagen setzen können, aber gleichzeitig auch die »lokale« Helligkeit oder Dunkelheit steuern.

Die Finanzierung dieser Neuerungen ist zurzeit schwer abzuschätzen. Seit über 100 Jahren sind die Netze analog aufgebaut und abgesichert. Die Stromlasten verteilen sich sehr weit und auf eine große Zahl von Abnehmern. Spannungsschwankungen, die eine Steuerung erschweren, sind häufig. In der Regel gibt es für die bestehenden Stromkreise nur die Schaltung Ein/Aus, die aber keiner eigentlichen Steuerung entspricht. Lokale Netze werden häufig über Dämmerungsschalter ein- und ausgeschaltet.[2] Außerdem werden Schaltuhren eingesetzt, die es erlauben, Teile der Anlage in der zweiten Nachthälfte, wenn wenig Verkehr ist, auszuschalten.

Die Realisierung neuer digitaler Steuerungsmodelle im großen Maßstab liegt technisch letztlich in den Händen der örtlichen Stromversorger. Künftige Lichtsituationen, etwa eine Dämmerungsbeleuchtung, eine Nachtbeleuchtung, eine lokale Veranstaltungsbeleuchtung und eine Sicherheitsbeleuchtung sollten Lichtplaner definieren.

2 In Deutschland sind die Werte durch die DIN 5044, Teil 1 geregelt. Die aktuellen Bestimmungen finden sich unter www.baunetz.de/arch/bauregeln/index.htm.

Typologie

2

Sie kennen das: Einige wenige Lokalitäten fallen Ihnen immer wieder auf oder man bewegt sich in ihren Zusammenhängen – ob man will oder nicht. Orte und Zeichen, denen man ohne Absicht begegnet und die dennoch das Verhalten prägen. Man bewegt sich vielleicht hierhin oder dorthin, nur weil eine Vorliebe existiert oder nachts etwas mit dem Licht nicht stimmt ... Diese Hot Spots der Wahrnehmung sollen im Folgenden mit einigen Illustrationen veranschaulicht werden als Ansatzpunkte zu möglichen Verbesserungen des Stadtlichtes; sie sollen anregen zum spontanen Nachdenken über alltägliche Lichtphänomene, die Stadtbewohner betreffen.

Haupt- und Nebenstraßen

Abseits der großen Verkehrsadern beginnt der »Kiez«. Hier, entlang der Nebenstraßen, weitet sich die bewohnte und bewohnbare Stadt aus. Unmittelbar
stellt sich ein Gefühl der Zugehörigkeit ein – ein nicht zu unterschätzender Faktor bei Neuplanungen öffentlicher Quartiere. Wohnqualität und Sicherheit von
Stadtvierteln nehmen zu, je mehr sich ihre Bewohner mit ihnen identifizieren.
Lichtgebung spielt im »Kiez« eine wichtige Rolle. Zum einen soll sie ein Gefühl
der Sicherheit vermitteln, zum anderen einen Ortsbezug herstellen, gemüt-
liche Wärme gleichsam wie das eigene Wohnzimmer ausstrahlen. Viel lässt
sich dabei mit niedrigen Brennstellen erreichen, die allerdings die Anzahl der
zu wartenden Leuchten erhöhen. Auch empfehlen sich warmweiße Lampen
wie Halogenmetalldampflampen. Ihr Licht zeichnet die ausgeleuchtete Umgebung weniger schmuddelig als das aus (gelben) Natriumdampflampen.
Zu berücksichtigen ist auch eine weitgehend niedrige Lichtimmission der Lampen . Das Straßenlicht soll die angrenzenden Wohnzimmer nicht hell ausleuch-
ten. Schließlich bestimmt noch eine ästhetische Komponente die Wahl der
Lampen: ihre Form. Gemeinhin gilt es als grober Kunstfehler, Leuchten nach
ihrer Form und nicht nach ihrer Funktionalität auszusuchen, obwohl opti-
mierte Technik und ansprechende Form oft zusammenfallen. Bei der »Neube-
stückung« von Quartieren kann es jedoch sinnvoll sein, einen besonderen Wert
auf die individuelle Form von Mast und Leuchtenkopf zu legen. Womit aber
nicht nahe gelegt werden soll, jedes Altbauviertel mit nachgebauten Schinkelleuchten auszustatten.

Typologie: Mit dem Auto unterwegs

Brücken

Brücken finden sich oft an exponierter Lage. Das liegt in der Natur der Sache und macht sie nolens volens zu begehrten leuchtenden Objekten. Beleuchtete Brücken sind Blickfänger, vor allem wenn sie schon von Ferne die Aufmerksamkeit auf sich ziehen. Verständlich, dass die Investitionen groß sind, Brücken aufwendig zum Leuchten zu bringen. Überwiegend geschieht dies entlang der Linien, dem Profil einer Brücke, da sie abgesehen vom Straßenbelag, kaum Fläche bietet. Richtet sich die Beleuchtung hingegen auf Pfeiler oder Pylone, kann es sein, dass Höhe oder Weite der Brücke überbetont werden. Eine Beleuchtung der tragenden Konstruktion neben der Verkehrsbeleuchtung ist dezenter.

Engbündelnde Scheinwerfer, unmittelbar am Bauwerk angebracht, sind die beste Lösung. Besonders bei großen Brücken sind allerdings die baulichen Eigenheiten zu beachten. Sie können die Wartung erheblich behindern. Deshalb müssen die Befestigungspunkte leicht zugänglich sein.

Bei kleineren Brücken über Bäche oder Flussläufe stört häufig eine viel zu helle Beleuchtung. Gerade ihre stimmungsvollen Reflexionen auf dem dunklen Wasser sollten nicht durch übertriebene Betonung des Bauwerks zunichte gemacht werden. »Kleine« Brücken in Parks oder über Wallgräben in europäischen Städten werden oft übertrieben als Anlässe zum Leuchten begrüßt, weil sich sonst nichts findet. Aber allein die Existenz von Brücken in Parks oder Gartenanlagen liefert noch keinen Grund, sie zu beleuchten.

Kreisverkehr

Eine geniale Erfindung: der Kreisverkehr. Vor zirka 100 Jahren wurde er zum ersten Mal in New York City und Paris für den städtischen Verkehr erprobt und seither kontinuierlich ausgebaut.

Dass Kreisel den Verkehr um viele Gefahren entschärfen, gilt heutzutage als ausgemacht. Folglich kam es in den letzten Jahren zu einer regelrechten Inflation an neuen Kreisverkehren in Europa. So sinnvoll der Kreisrand der Verkehrs-regulierung dient, umso »nutzloser« erscheint seine Mitte. Nahe liegend ist immer die künstlerische Gestaltung dieser Insel mit Blumenrabatten, Großplas-tiken oder anderer Verkehrsmöblierung. Eine weitere und diesmal praktische Lösung besteht im Errichten hoher Lichtmasten, die den Verkehr zentral von oben herab bestrahlen. Heute fällt die Wahl der Beleuchtung jedoch wieder zugunsten der Kreisperipherie aus, auf die Einmündungen der Zufahrtsstras-sen. Sie hebt die Einfädelungspunkte noch pointierter hervor, und erhellt fast nebenbei auch den Kreis. Der Grund dafür liegt in den üblichen Radien der Kreisverkehre. Dadurch stehen die Leuchten in einem engeren Abstand als an den geraden Straßen zueinander und sorgen somit »unbeabsichtigt« für mehr Leuchtdichte.

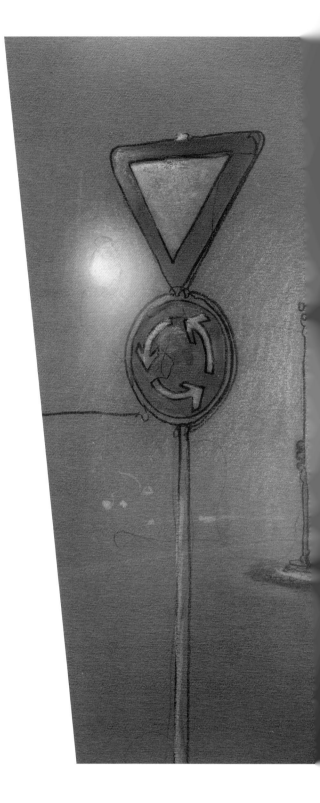

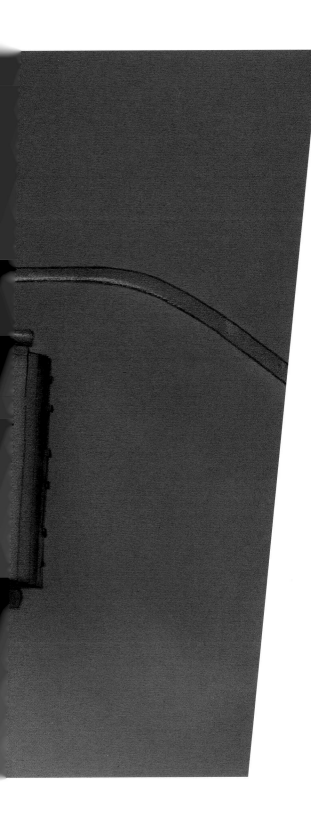

Verkehrszeichen

Beleuchtete Verkehrszeichen erscheinen im Zeitalter der Satellitennavigation
wie die strahlenden Errungenschaften einer vergangenen und ungebrochenen
Verkehrseuphorie. Sie haben sich zu einem weit verbreiteten Ikon entwickelt,
das der anschwellende Verkehr im letzten Jahrhundert in die Städte gebracht
hat. Vergleichsweise harmlos wirken sie als Einzelgänger, etwa in Form
der leuchtenden Stop-Zeichen an Kreuzungspunkten. Gehäuft, zum Beispiel an
Masten, nehmen sie die Gestalt himmelwärts ragender Schilderbäume an.
Fast schon cineastische Formate weisen die großflächigen Hinweisschilder auf
Brücken entlang der Schnellstraßen dieser Zeit auf.
Aus wirtschaftlich prosperierenden Zeiten stammen die von innen, wie
Laternen beleuchteten Verkehrszeichen. Sie verfügen über den Vorteil einer
blendungsfreien und über die Fläche gleichmäßig verteilten Aufhellung.
Aber der Wartungsaufwand für diese mit Leuchtstofflampen bestückten Anlagen ist hoch. Jeder Lampenwechsel zieht aufwendige Montagen am Leuchtenkörper nach sich. Man begann daher, angestrahlte Zeichen aufzustellen. Die
größten befinden sich entlang und über den Autobahnen. Vor allem für kurze
Entfernungen zwischen Zeichen und Verkehrsteilnehmer kamen die retrore-
flektierenden Zeichen hinzu. Moderne Autoscheinwerfer erweisen sich als hell
genug, um die oft in Augenhöhe angebrachten Schilder gut erkennbar zu
machen. Mit den leuchtenden Hinweisschildern wurde schließlich auch ein
spezifischer Farbenkanon in die städtische Nacht eingeführt. In Frankreich
fällt die Wahl dabei oft auf ein dezentes Schwarz-Weiß. In Deutschland
dominieren hingegen die normierten RAL-Farben, die in allen Städten einen
neuen Layer im Stadtbild formen.
Welche Entwicklungen zeichnen sich ab? Zeitgemäße Ansätze versuchen das
Schilderdickicht in den Innenstädten weitgehend zurückzudrängen. Die
Überhäufung von Verboten, Geboten, Infotafeln oder anderen Hinweisen an
jeder beliebigen Ecke soll auf ein Minimum reduziert werden. Zu gering ist
ihr Nutzen, zu störend ihr Erscheinungsbild. Die erleuchteten Zeichen aber
werden uns auf den großen Knotenpunkten und an den Schnellstraßen
erhalten bleiben. Sie sind die buddhistische Pop-Art des modernen Straßen-
verkehrs: erleuchtet und einprägsam.

Parkhäuser

Im Film ist ihnen die größte Aufmerksamkeit sicher: Parkhäuser garantieren Spannung. Das Innere dieser unwirtlichen Stahl- oder Stahlbetonkonstruktionen liefert die ideale Kulisse für kriminelle Energien, für Fluchten, Anschläge, Kälte und labyrinthische Ängste. Diese Assoziationen kommen nicht von ungefähr, denn Parkhäuser besitzen den Charme von Bunkern. Der Autofahrer, der in sie ein- und ausfährt, erlebt sie aufgrund der Lichtunterschiede als temporäre Tunnel. Langsames Fahren mildert diese Adaptationseffekte von plötzlicher Dunkelheit beziehungsweise gleißender Helle. Tagsüber strahlt das Licht im Inneren dann heller als nachts. In Parkhäusern sollte es keine »dunklen Ecken« geben, damit man die Fußgänger besser sieht. Mehr Licht ist auch bei den Parkplätzen für Frauen gefragt.

In Einzelfällen gibt es in Parkhäusern eine – lichttechnisch gesehen – besondere Blendungsgefahr; überwiegend dort, wo Sonnenlicht in die Decks direkt auf die Fahrstrassen fällt. Der Kunstlichtanteil muss hier doppelt so groß als an anderen Orten ausfallen.

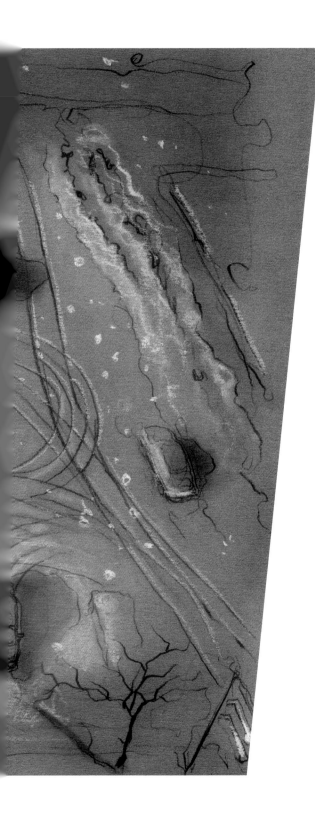

Parkplätze

Parkplätze sind als knapper Stauraum für Autos heiß begehrt und für die Nutzer der Ausgangspunkt des Stadtbesuchs. Dennoch kümmert sich in der Regel niemand so recht um das Licht dort. Eine von möglichst hohen und möglichst wenigen Lichtpunkten ausgestrahlte Beleuchtung wäre am wirtschaftlichsten. Werden die Parkplätze von Wohnbauten umgeben, gibt es Kompromisse in den Lichtpunkthöhen. Die verwendeten Lichtfarben entstammen im besseren Fall nicht mehr den diffus orangefarbigen Natriumdampflampen, sondern aus Halogenmetalldampflampen, deren Farbwiedergabe verbessert und deren Lichtfarbe wärmer wurde. Dabei werden die Zu- und Abgänge mit Licht deutlich markiert, im besten Fall kann niedriges Licht dort auch über weite Wege und Flächen hinführen. Im schlechteren Fall sind auch die Optiken von ungenügender Qualität. Parkplätze sind häufig so etwas wie Stiefkinder der Lichtplanung im Außenraum. Dies betrifft oft auch die gestalterische Qualität der Masten und Leuchtenkörper. Parkplätze erfordern vom Planer deshalb viel Einfallsreichtum.

Tankstellen

Nicht nur für Autofahrer sind sie zu einem markanten Lichtzeichen avanciert. Grüne Streifen, blaue Streifen, orange Streifen setzen sich vor dem nächtlichen Himmel auffällig in Szene. Aber es sind keine Silberstreifen am Horizont, die uns da entgegenstrahlen. Im Gegenteil: So wie das gesamte Erscheinungsbild der jeweiligen Stationen von billiger Einfachheit geprägt ist, so spricht auch das Licht vom Fehlen an gestalterischer Investition. Das Licht ist weder gerichtet noch variiert, sondern schlicht und einfach so hell wie möglich. Tankstellen gleichen Lichtschneisen, in die man einfährt. Ein erster Schritt zur Optimierung wäre, diese Bauten dem Licht nach zurückhaltend ihrer städtischen Umgebung anzupassen, sowie die Terminals nutzerfreundlicher zu gestalten, indem Licht zuerst auf die Zapfstationen und die dort wartenden Autos und nicht in den Abendhimmel gerichtet wird.

Dies wäre zudem ein Beitrag zu einem verbesserten Erscheinungsbild unserer Städte. Denn fliegt man über nächtliche Stadtlandschaften, fallen zuerst Sportplätze und dann die Zapfstationen ins Auge, ohne dass diese außerordentliche Beleuchtung mit deren städtebaulicher Bedeutung etwas zu tun hätte.

Typologie: Mit dem Auto unterwegs

Stop and Go

Ein einsamer Lichtkegel in der Finsternis, mitten auf dem Lande und in stetiger Vorwärtsbewegung. Das Bild dieses bewegten Kraftfahrzeugs in der Nacht fasziniert, weil es so viele Assoziationen zulässt. In der Stadt aber reduziert sich diese Bilderwelt auf ein geringes Zeichenvokabular. Bremsen, Anfahren, Rollen, Beschleunigen und Anhalten verwandeln die bewegten Auto-Lichter hier in eine Kettenreaktion weniger Signale. Vorne an den Fahrzeugen befindet sich das gerichtete Licht zur Orientierung, am Heck das rote Signallicht. Kommt der Fluss in einer Autoschlange zum Erliegen – im Stau oder vor einer Ampel –, arrangieren sich die bekannten langen Reihen dieser alten »Laternen« zu einem blinkenden Lichtkorso.

Plätze

Die öffentliche Beleuchtung nahm ihren Anfang auf den innerstädtischen
Plätzen und den großen Straßen, den bedeutendsten Räumen der europäischen
Städte. Diese anfängliche Beleuchtung war als Sensation ausgelegt, die Groß-
artigkeit der Städte sollte auch nachts sichtbar sein. Die illuminierten Plätze
in Paris wurden in ihrer Erscheinung mit den in das prachtvollste Kerzenlicht
getauchten Sälen in Versailles verglichen. Damals gab es nachts sehr wenig
verfügbares Licht. Es war rundum fast dunkel, daher der Effekt.
Heute erfüllen viele städtische Plätze diesen hohen Anspruch nicht mehr. Sie
gleichen mit ihrer weiteren Umgebung eher großen Wohnzimmern, in
denen sich die Dinge in großer Zahl in den Shops befinden, die sich dann in den
privaten Wohnungen stapeln. Eine gute Beleuchtung kann diese merkantile
Entwicklung, die durchaus Reize birgt, nicht umkehren, doch im Dunkel viel
für die wichtigen traditionellen Zentren der Städte bewirken. Der Platz
selbst muss so gut beleuchtet sein, dass er begehbar bleibt und sich Passanten
dort in einzelnen erhellten Zonen auch aufhalten möchten. Die Eigenschaften
des städtischen Zentrums formen das nächtliche Licht dagegen an seinen
Rändern und Silhouetten; in den dezenten Fassadenbeleuchtungen (sie dürfen den Platz etwa durch Reflexionen nicht »anstrahlen«) und mit einigen
wenigen helleren Akzentuierungen der Stadtarchitektur. Künstliches Stadtlicht ist etwas noch nicht allzu lange Verfügbares, ein vorsichtig anzuwen-
dendes Instrument, ein Addendum in der Wahrnehmung des Flaneurs und
Konsumenten. Es könnte wieder etwas Besonderes werden. Das neue Licht
soll abends nicht in den unmittelbaren Vordergrund treten, sondern durch seine dauerhafte Präsenz eine in sich wiederkehrende Belebung des städtischen
Lebens bewirken. Dies gegen Einzelinteressen zu erreichen, ist zwar oft das
Schwierigste, aber nachhaltig Lohnendste für die Beteiligten.

Typologie: Zu Fuß voran

Fußwege

Die Fußwege in den europäischen Städten sind von Land zu Land sehr unterschiedlich.

Eine auf Fußgänger zugeschnittene Beleuchtung gibt es aber nur in den seltensten Fällen. Es ist meistens die Straßenbeleuchtung, die den Fußweg mit erhellt. Allein die Wege in öffentlichen Parks sind manchmal eigens für den Fußgänger beleuchtet – oder eine Fußgängerzone.

Eine spezifische Beleuchtung gibt es oft für Zugänge an der Grenze zwischen öffentlichem und privatem Raum. Sobald der Passant die Straße verlässt und sich dem privaten Gebäude nähert, soll er das Haus und seinen Eingang sehen. Damit korrespondiert dann ein möglichst niedriges, diskretes Licht auf dem Weg. Ideal ist ein Streiflicht direkt über dem Boden. So ist der Blick des Fußgängers sowohl auf den Weg wie in die Ferne durch Licht nur wenig beeinflusst – obwohl es den Weg erhellt (5 – 7 Lux sind der Richtwert). Das auf den Boden konzentrierte Licht blendet und trübt den Blick nicht. Man braucht so natürlich mehr Brennstellen als in einem Beleuchtungsszenario, das von den üblichen breit strahlenden Leuchten auf Masten in Höhen ab 3 – 4 Metern ausgeht.

Das übliche Verkehrslicht auf Straßen und Wegen ist für Autos gedacht, nicht für Fußgänger. Zwar bewegen wir uns zu Fuß solange wir denken können, aber vielleicht gerade daher gilt dies nicht viel, und das Licht ist entsprechend. Das klassische Licht in den Fußgängerbereichen ist in erster Linie auf Sicherheit hin konzipiert, Gefahren und andere Passanten sollen frühzeitig erkannt werden. Das Licht soll zusätzlich orientieren. Das gelingt zunehmend besser mit Bodeneinbauelementen, die durch die LED-Technik kleiner, günstiger und langlebiger geworden sind. Es gibt bereits die ersten solar betriebenen, vom Stromnetz unabhängigen Modelle mit Orientierungslicht.

Lichtpunkte, Linien, Schraffuren oder Netze lassen sich mit Licht in begangenen Bereichen »zeichnen«. Ganz nebenbei gelang dies übrigens Daniel Buren in seiner Installation für das Palais Royal in Paris; er zeigte bereits vor 20 Jahren, wie man es macht.

Bäume

Raschel, raschel. So hört sich der Herbst in den Walt Disney Comics an. Der nackte Baum offenbart uns vor dem Winter wieder die gewachsene Struktur von Stamm und Ästen. Es ist sehr reizvoll, die gewachsene Ordnung des Baumes im Kontrast mit den klar gegliederten Fassaden oder Plätzen zu sehen. Daher werden Bäume auch sehr gerne extra beleuchtet.

Das die Bäume erhellende Licht kommt aus Bodeneinbauleuchten. Diese Beleuchtungsmethode ist die derzeit gängige. Beim Einsatz von Bodeneinbauleuchten sollte man darauf achten, dass sie sich nicht in Laufrichtung befinden. Die Leuchten werden mitunter auf dem Glas sehr heiß. Vor einiger Zeit setzte man noch überwiegend auf Richtstrahler in einiger Entfernung. Sie machten den Baum zu einer Skulptur und warfen oft reizvolle Schatten. Eine dritte Möglichkeit besteht darin, die Leuchten im Geäst zu positionieren, den Baum quasi aus sich selbst heraus leuchten zu lassen. Das ist lichttechnisch gesehen die schönste Variante, nur sind die Leuchten nicht so leicht zu verankern, das notwendige Kabel stört das Bild und die Zuleitung ist anfällig. Wichtig ist die Lichtfarbe beim Illuminieren von Bäumen. Am besten eignen sich Halogenmetalldampflampen (HIT) in neutralem Weiß. Warmweißes Licht oder Natriumdampflampen lassen das Laub und den Baum grau aussehen. Entscheidet man sich für Bodeneinbauleuchten, ist es wichtig, sie nicht zu nah am Stamm des Baumes zu platzieren. Die wachsenden Wurzeln können die Leuchte verschieben und vertragen ihre Wärme nicht. In einer dunklen Umgebung reicht sehr wenig Licht. Aus der Ferne gesehen, kann eine dezente Anstrahlung von Bäumen in Freiflächen oder in Parks außerordentlich reizvoll sein. Die Fläche des Geländes gewinnt an »Tiefe«, die Bäume bilden die Silhouette. Man kann die meistens in Gruppen gepflanzten Bäume mit flachem, bodennahem Licht optisch zusammenfassen und so den Entwurfsgedanken eines Parks oder Hofes nochmals aufnehmen und »in die Nacht« transferieren.

Fassaden und Lichtreklamen

Lichtreklamen sind eine Erfindung der elektrifizierten und modernen Stadt. Zuerst einzigartig, später allgegenwärtig, haben sie sich tief in das modern-urbane Erscheinungsbild eingeprägt. Fast alles, was hier nachts vor den Häusern leuchtet, ist Reklame. In ihrer gewachsenen Vielfalt möchte niemand mehr darauf verzichten. Den Beginn machte das so reizvolle und fast vergessene Neonlicht aus Glasröhren mit Hochvoltanlagen.

Trotz ihres Siegeszuges haben viele Städte in Europa leuchtende Reklamen zu Recht für genehmigungspflichtig erklärt. Manchmal sind sie für ganze Bezirke verboten. Die Hamburger Alster oder den Zürichsee möchte niemand von Reklamelicht beschienen sehen. Die Verwendung von Licht zu Werbezwecken sollte daher orts- und ambientebezogen reglementiert bleiben.

Was aber, wenn sich Fassaden selbst in Reklame verwandeln, wenn die Außenhaut der Häuser zu einer Art Bildschirm mutiert? In deutschen Städten trifft man gelegentlich auf riesige Reklameflächen hinter Glas, beleuchtet und im Inneren der Gebäude – niemand kann das verbieten. Plasma- oder LED-Schirme können neuerdings ganze Häuser vollkommen bedecken. In Seoul hat die Bepflasterung von Fassaden mit Screens solche Ausmaße angenommen, dass Fassaden dort die des Piccadilly Circus in London, des Times Square in New York oder die Plätze von Shibuya in Tokio zu Museen der Lichtwerbung degradieren. Dabei sind die Schirme und ihre Botschaften nicht einmal besonders hell und grell. Aber ihre cineastischen Dimensionen, die an die Auferstehung des alten Autokinos denken lassen, verdrängen die Architektur. Die gebaute Sprache einer Stadt stirbt.

Reizvoll ist es, wenn ausgewählte und für Lichtexperimente geeignete Fassaden selbst zu einem »leuchtenden« Thema werden. Oder wenn sich das Licht mit der Architektur und dem Stadtbild verbündet. In den letzten Jahren fielen einige wenige und nicht immer erfolgreiche Versuche auf, Hochhäuser mit individuellen Lichtspielen zu animieren. So wurden in Hamburg anlässlich der Fußball WM 2006 illuminierte Tore auf hohe Dächer gestellt. Etwas geckenhaft, aber das kommt vor.

In Europa zielen seriöse Lichtexperimente meistens auf die Fassaden ab, die Chinesen hingegen lieben Licht »on the top« in allen Farben. Solange uns die Wahl bleibt und die Gebäude und nicht das Medium an oder auf ihnen im Zentrum solcher Versuche stehen, können solche Ansätze hin und wieder fruchten. Unbeleuchtete monotone Granitfassaden mit ihrem formal verbrieften Ewigkeitsanspruch vor der Stahlskelettstruktur sind nicht sehr schön. Eine großflächige Lichtgestaltung könnte sich da als belebende Alternative anbieten.

Schaufenster

Einer simplen Grundregel folgt die gewöhnliche Beleuchtung in Schaufenstern: Die Horizontale, also die Decke, schafft die Grundbeleuchtung, während auf die vertikalen Flächen, sprich die Wände, Akzentlicht gesetzt wird.
Im Prinzip ist gegen diese Formel wenig einzuwenden. Aber sie rechnet sich aus
einer isolierten Position aus der jeweiligen Raummitte heraus. Sie vernach-
lässigt wichtige Faktoren jenseits der eigenen vier Wände. Weder berücksichtigt sie die Lichtverhältnisse von Tag und Nacht, noch fragt sie danach, was
sich vor dem Laden befindet.

Von außen, von der Einkaufsstraße betrachtet, konkurrieren die Schaufenster
miteinander. Dieser Wettbewerb verschärft die Tendenz, Attraktivität durch
gesteigerte Helligkeit zu erreichen. Hinzu kommen oft noch überdimensionale
Reklamebeleuchtungen auf der Fassade der entsprechenden Gebäude. Auf
den flanierenden Konsumenten wirkt diese Lichtkonkurrenz eher ablenkend
als attraktiv.

Einigkeit unter den Kaufleuten vorausgesetzt, könnten sie ihrem Bezirk eine
Lichtsatzung geben. Denkbar ist ebenso eine Vereinbarung, welche die Helligkeit in den Auslagen begrenzt sowie Reklame-Ikone nur auf Fassaden und
in den Höhen zulässt. Mit der so geschaffenen Lichtqualität ließe sich jede Ein-
kaufsmeile schnell und preisgünstig aufwerten.

Schaufenster mit starkem, überwiegend in der Horizontalen und nicht auf die
Wände gerichtetem Licht treten ein wenig heller als das Umgebungslicht
hervor. Dadurch werden Reflexionen vermieden. Ein wenig Licht sollte auch
noch in der Tiefe der Geschäftsräumlichkeiten aufleuchten. Diese weichen
Übergänge mit Lichtakzenten präsentieren die Ware wirkungsvoller als
bloße Helligkeit. Die Wahl der Lichtfarben ergibt sich dabei aus den ausgestell-
ten Waren. Ein Technikshop wird kaum weiches, teures und eng gebündeltes
Halogenlicht einsetzen; umgekehrt wird das Modegeschäft gern auf kalt-
weiß bestückte Deckenfluter verzichten.

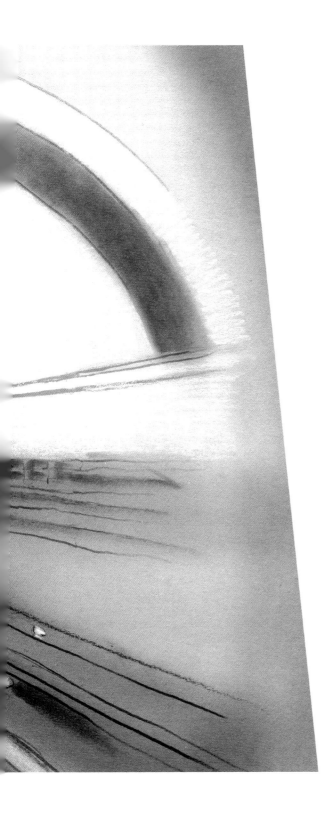

U-Bahn-Haltestellen

U-Bahnhöfe sind keine Orte des Verweilens. Die oft vorzufindende, typische »Schlauchgeometrie« unterirdischer Räume für den Zugverkehr ist sehr flach und lang, mit oft bemüht gestalteten Wänden und wiederkehrendem Rhythmus von Stützen, Mobiliar und Hinweistafeln. Lediglich das Studium der Plakatwände verspricht hier in Einzelfällen Unterhaltung.

Auswahl und Ausführung der Beleuchtung – in den meisten Haltestellen ohne jegliches Tageslicht – unterstreichen diese Monotonie: Endlos erscheinende, entlang der Bahnsteigkante platzierte Lichtbalken aus Langfeldleuchten langweilen den Betrachter und erschweren die Orientierung aufgrund eingeschränkter Kontrastwahrnehmung und Adaptationsmöglichkeit.

Ausschließlich direkt strahlende Anlagen mit hohen Leuchtdichten schirmen die optisch wahrnehmbare Raumhöhe nach oben hin ab, und dadurch erscheint der Raum noch tiefer.

In der Regel verhindert die Eintönigkeit in der Auswahl der verwendeten Lichtquellen, Lichtarten und Lichtfarben eine kontrastreiche, akzentuierte Ausleuchtung mit Zonen unterschiedlicher Wichtigkeit. Vor allem die Raumgeometrien dieser Tunnel sind eine noch nicht entdeckte Herausforderung an ein auch gestalterisch gutes Licht für die Nutzer unter Tage. Aber auch für die oberirdischen Stationen lässt sich noch viel tun.

Boulevards

Was Rom in der Antike war, war Paris im 19., New York im 20. und vielleicht Shanghai oder Mexico City im 21. Jahrhundert: der Inbegriff der Stadt. Städte charakterisiert ein Geflecht von Straßen. Im Stadtzentrum zeigen sich einige Straßen in ihrer ganzen lokalen Pracht. Die modernen Boulevards, die in diese Zentren führen und sie repräsentieren, sind eine europäische Erfindung des 19. und 20. Jahrhunderts.

Ihre Straßenbreite erlaubt eine Ausdifferenzierung des öffentlichen Lichtes in drei Zonen: das Licht für den Straßenverkehr, das Licht für die Promenierenden und das Licht an den Gebäuden. Für jede dieser Lichtarten gibt es verschiedene Anforderungen, die sich nicht stören, sondern ergänzen sollen. Das Licht auf der Straße muss gleichmäßig sein, ebenso das auf den Fußwegen, nur etwas heller, wärmer und »dichter«; die Schaufenster werden individuell gestaltet, das Licht der Fassaden und Lichtreklamen möglichst homogen. Auf dem Boulevard kommt der Leuchtenform besondere Bedeutung zu. Wie die Bepflanzung sind auch die Leuchten immer ausgesucht. Die temporäre Beleuchtung, etwa zu Weihnachten, hängt sich da an.

Ein attraktiver Boulevard ist vom Licht her gesehen wie der innerstädtische Platz ein Binnenraum, dessen wohl gestaffeltes »Luxury Lighting« sich von der dunklen Umgebung abgrenzt. Aus seinen einzelnen Lichtpunkten bilden sich Linien und schließlich eine Allee aus Licht bis in den aufkommenden Morgen. Mit dessen kahlem Grau ist dann jede Pracht für ein paar Stunden erloschen.

Welche Bedeutung hat das Licht in der Stadt heute? Welchen Anforderungen muss es genügen? Wer braucht es?

Wichtig ist das Licht in der Nacht zunächst für die Autofahrer. So ist ein Großteil der Stadtbeleuchtung bisher für Straßen gemacht. Entsprechend erschließt sich die Stadt der überwiegenden Zahl ihrer Bewohner nachts im Licht ihrer Asphaltstrecken – Wegen, die mit dem Auto zurückgelegt werden. Allabendlich formt sich der Autoverkehr zu einem auf- und abschwellenden Strom, der spätnachts soweit abebbt, bis sich die Straßen und Kreuzungen schließlich in einem flachen, gleichmäßigen Licht präsentieren.

In welchen konkreten Lichtverhältnissen bewegen sich heutzutage die Einwohner der Stadt? Ist der Umgang mit dem Licht symptomatisch für die Lebensgewohnheiten der Menschen? Wahrscheinlich nicht. Licht bleibt ein aktuelles Thema, vor allem, wenn man es verbessern will. Sobald es dunkel wird, leben die meisten Stadtmenschen oft in einer »Lichtbrühe«: Mit dem regulären Straßenlicht *vor* ihren Wohnungen, das sich in der Regel durch eine weitgehend undifferenzierte Helligkeit auszeichnet und mit meist diffusen, manchmal unruhigen Lichtverhältnissen *in* ihren Wohnungen. Dabei hat der Fernseher oft die Rolle eines neuen Lagerfeuers, ein Licht, um das sich alle gerne wie zu Urzeiten scharen?

Paradigmatisch dafür sind falsche Denkstrukturen bei vielen mit Licht beschäftigten Leuten selbst. Ein »mehr« an Leuchten führt automatisch zu »mehr Licht« und damit zu einem besseren Geschäft. Es ist ein bisschen wie mit den Autos: es gibt einfach zu viele in der Stadt. Dennoch machen sie immer noch Spaß. Aber davon werden die Verhältnisse noch nicht besser. Das wird nur gelingen, wenn das Stadtlicht wieder mit Umsicht geplant und in ausgewiesenen Gegenden als etwas Besonderes sogar über einen guten Standard hinausgeht. Darauf hinzuwirken heißt, die vorhandenen Gestaltungsmöglichkeiten mit Licht zu nutzen. Weil Licht dem Bestand zu einem wahrnehmbaren Zugewinn verhelfen kann und faszinierend bleibt, liegt darin eine dezidierte Chance für die wünschenswerte und fällige Erneuerung des Stadtlebens.

Dafür muss Licht ein Angebot an die Stadtbenutzer werden und dazu einladen, »in der Stadt zu sein«. Um dies zu erreichen, gibt es zwei, sich zum Teil widersprechende Strategien. Eine Linie zielt auf die Förderung der zeitgemäßen Eventkultur, die andere auf eine andauernde Differenzierung der Stadtbeleuchtung, praktisch also auf eine Förderung des Stadtbildes. Beide Ansätze haben ein wesentliches Potential in der Stadtbeleuchtung.

Events ziehen von sich aus Menschen an und beleben damit die Stadt. Im Gegensatz zu den traditionellen »Vorführungen« der Opern, Theater und Kinos partizipieren die Eventteilnehmer aktiv am Geschehen, manchmal machen

Wasserfall auf der EXPO 2000 in Hannover: Wasser und Licht wirken lebendig. Leider scheuen immer mehr deutsche Städte die Betriebskosten für Brunnen und Wasserspiele.

Vergnügungsparks mit ihren »hohen«
Attraktionen schaffen eine Fernwirkung
im Licht.

sie es selbst aus – bekannte Beispiele sind die Mega-Events »Love-Parade« oder »Christopher Street Day«. Solche Veranstaltungen sind pure Öffentlichkeit und sie zentrieren sich in den Innenstädten. Diese »Festivalisierung« des Stadtgeschehens, wie Kritiker das Phänomen bezeichnen, greift auch nachts.[1] Temporäres »Eventlicht« wirkt dann als ein Katalysator dieses Geschehens, es beflügelt die Teilnehmer. Dieses Licht ist häufig farbig und sehr beweglich, wie in einem Theater. Die Stadt oder ihre Plätze werden gleichsam zu Bühnenräumen, die Stadtfassaden bilden die – allerdings immergleichen – Kulissen. Es gibt Zwischenformen, in denen Arten von Eventbeleuchtung fest installiert sind und sich tendenziell jede Nacht oder anderen festgelegten Zeiten wiederholen.

Die Beleuchtung des Pariser Eifelturmes macht dies anschaulich. Derzeit verwandeln die Pariser das Wahrzeichen ihrer Stadt nachts zu jeder vollen Stunde fünf Minuten lang in eine Art glitzernden Lollipop. Vor dieser Phase des Lichtglitters gab es eine rot-gelbe Beleuchtung des Turmes. Dazu befragt, äußern sich viele Pariser zustimmend: Sie haben nichts dagegen, wenn sich der Turm temporär in ein buntes Spielzeug verwandelt.

Der andere Ansatz verfeinert die Stadtbeleuchtung, um mehr Intensität zu erschaffen. Der wegweisende Gedanke dabei ist, die bestehende Trennung von Verkehrsbeleuchtung auf der Straße und in den Fußgängerbereichen sowie den Fassadenanstrahlungen, Schaufensterbeleuchtungen und Lichtreklamen aufzuheben, um zu einem ganzheitlichen, aber auch ortstypischen Erscheinungsbild zu gelangen. Das ist anspruchsvoller als das Spiel mit bunten Farben, aber auch schwieriger zu realisieren.

Grundsätzlich bewegt sich der Lichtplaner auf diesem Entwurfsstrang in zwei Dimensionen. Er berücksichtigt die zeitliche und die räumliche Dimension. Kunstlicht im Außenbereich ist überwiegend eine Sache der Nacht. Mit dem Abend und dem Morgen und den Verschiebungen durch die Jahreszeiten entstehen viele, wiederkehrende Übergangssituationen. Das Licht wechselt. Zusätzlich ergibt sich die Notwendigkeit saisonalen Lichtes. Räumlich erschließt sich eine Stadt über ihre Zugänge zunächst in einem großen Maßstab durch ihre Verkehrsachsen. Verringert man den Maßstab, gelangt man zu Fragen der möglichen Perspektiven und Staffelungen. Verringert man den Maßstab noch weiter, gelangt man gedanklich zu den Maßstäben des eigenen Körpers und seiner unmittelbaren Umgebung. Das können Stadtplätze sein, die man »zu Fuß« überschauen kann, aber auch das eigene Auto, mit dem man im Stau steht, all das sind gewöhnliche urbane Situationen.

Eine neue Beleuchtung soll für die Stadtbesucher »die Nacht neu erschaffen«. Das ist, ein bisschen überspitzt formuliert, das eigentliche Ziel. Marketing-

1 Sehr gut entwickelt diese Argumentation Gerd Held: Stadtbeleuchtung, in: Regina Bittner (Hrsg.): Urbane Paradiese. Zur Kulturgeschichte modernen Vergnügens, Edition Bauhaus, Campus Verlag Frankfurt/NewYork 2001. Lesebuch zur Ausstellung »Paradies der Moderne« der Stiftung Bauhaus Dessau 2001. Neben Schivelbusch gehört Held zu den wenigen, die eine kulturhistorische Aufarbeitung der städtischen Beleuchtung versucht haben.

Das Dach des Bahnhofsvorplatzes
»schwebt« über den Bushaltestellen und
wirkt so als gläsernes Pendant zur Bahn-
hofshalle.

Leuchtende Herzen im Tivoli in Kopenhagen: Hier ist die Lichtplanung und die Lichtkunst schon seit den zwanziger Jahren
fester Bestandteil der Parkanlagen.

leute würden sagen, dass man die Aufenthaltsdauer in der Stadt verlängern will.
Leicht denkt man dabei an eine Wiederbelebung des legendären Nachtlebens
der »Roaring Twenties«, einer legendären Zeit des öffentlichen Lichtes, die sich
jetzt gerade in China und in den »Tigerstaaten« Asiens wiederholt. Licht ohne
Ende. Man kann gegenwärtig in der Zeitung lesen, dass man in Shanghai erwägt,
die Lichtreklamen abzuschalten, weil der Strom nicht ausreicht, sie zu betreiben.
Diese globalen Trends existieren. Sie setzen auf die Faszination von Helligkeit,
wollen die Nacht zum Tage machen, und das ist zweifellos reizvoll.

Aber bedachte Planung setzt auf die Dunkelheit, das Gegenteil. Sie erdenkt
Licht reziprok, nicht gleißend bunt, hell, miteinander konkurrierend, sondern
als Initialisierung in die wechselnden Tages- und Jahreszeiten. Das heißt nicht,
dass man eine dunkle Stadt will. Sondern es bedeutet, dass der Lichtplaner
nicht nur den Vorgaben der Stadträume, sondern auch denen der natürlichen
Lichtverhältnisse folgt. Für den zeitgemäßen Planer ist sein Lichtentwurf
kein Solitär, sondern er zielt auf ein den Menschen, die Stadt und die Tages-
zeiten integrierendes Konzept. Will man mit Licht gestalten, denkt man sich
zuerst in die Tages- und Nachtzyklen des jeweiligen Ortes ein.

Und man beginnt mit der Dämmerung. Am Morgen gehen die Lichter aus; das
gesamte Stadtgeschehen verlagert sich mit den verlängerten Öffnungszeiten
der Geschäfte in die einsetzende Dunkelheit, in den Zeitraum der »Blauen
Stunde« und später, je nach Jahreszeit. In diesen ersten Momenten kann die
Stadtbeleuchtung überwiegend punktuell agieren, also den wichtigsten Stadt-
plätzen und Gebäuden Licht zuweisen, den bekannten Akzenten der Stadt.
Im nächsten Schritt wären der fußläufige Bereich und Zu- und Abgänge zu be-
denken. Man schafft »Torsituationen« und zeigt damit an, wo das Leben hin-
zieht. Dann schließlich die Beleuchtung auch der Straßen, so dass Licht nach
und nach erstrahlt und die Nacht attraktiv und sicher macht. Ist es dann vol-
lends dunkel, sind die geplanten Hierarchien des Lichtes vollständig geschaltet
und die Orientierung ist mühelos. Die unmittelbare Umgebung ist ohne dunkle
Ecken stets einsehbar. Nach »oben hin«, ab der ersten, zweiten Etage schon,
dünnt sich das Licht merklich aus, so dass ein klarer, aber geborgener Lichtraum
entsteht. Die meiste attraktive Helligkeit entsteht durch Reflexionen auf den
verschiedenen Materialien, den Boden eingenommen. Die Lampen strahlen
abgestuft weiß. Einiges Licht liefern auch die Gebäude von innen heraus.
Das Niveau ist möglichst gleichwertig, Schaufenster sind nicht gleißend heller
als ihre Umgebung draußen. Vor allem senden sie kein direktes Licht auf die
Straßen hinaus. Farbe entsteht durch die Beleuchtung der präsentierten Waren.
Im Laufe der Nacht tritt das Akzentlicht, mit dem der Beleuchtungsablauf
begann, wieder zurück. Das allgemeine, sichernde Licht bleibt bis in den ein-
setzenden Morgen erhalten. Das wäre ein mögliches Szenario auf einen Tag
und eine Nacht hin ausgerichtet, der 24-Stunden-Rhythmus.

Die Wassersäulen dieses Fontänenfeldes lassen sich ausschalten, dann findet vor dem Rathaus in Miltenberg der Wochenmarkt statt.

Ein kleiner Brunnen in Hamburg-Bergedorf schafft um sich herum eine heimelige Stimmung.

Von jeher gibt es die Weihnachtsbeleuchtung, der Grundtypus saisonaler, an den Jahreszeiten und an den Saisons des Handels orientierten temporären Lichtes. Es ist sehr kostenintensiv zu bewirtschaften, findet aber das gesteigerte Interesse der Stadtbewohner. Viele einzelne Themen sind ins Gespräch gekommen: die zeitweise Beleuchtung von Wasserflächen, Brunnen oder Fontänen oder die von Parks erfreuen sich neuer Beliebtheit und erinnern oft an praktisch andauernde barocke Inszenierungen, die vor 250 Jahren gerade mal einen Abend mit tausenden von Kerzen zu haben waren.[3] Im Jahreszeitenrhythmus sind es temporäre, gerne wiederkehrende Beleuchtungsarten und veränderte Schaltzeiten. Eine schöne Besonderheit kann umgekehrt eine fest installierte Beleuchtung für saisonale Vergnügungen sein, etwa Eisflächen oder temporäre Pools und Strände.

Die Details möglicher Entwürfe lassen sich aber erst erörtern, nachdem man sich mit dem zweiten Zugang zu gutem Licht in der Stadt beschäftigt hat, den räumlichen Dimensionen. Sie bezeichnet das Wesentliche dieses Entwurfsmodells Licht-Raum, nämlich einen Einschnitt in der Bewegung des Transits in der Stadt und dafür das entsprechende Potential. Den Einschnitt markiert der Wechsel des Reisenden vom Auto (Flugzeug, Bahn, öffentliche Verkehrsmittel) zur Fortbewegung zu Fuß. Die Möglichkeiten daraus ergeben sich allein für die Innenstädte oder beschränkte Einkaufsbezirke; das sind momentan in der Regel die Räume und Bezirke, wo nach dem Willen der Städte, der Handelskammern, von Public Private Partnerships (PPP) oder in (in Deutschland geplanten) Business Improvement Districts (BID) das neue Stadtlicht entstehen soll und intelligent zu planen ist. Es sind faktisch die alten Marktplätze in neuem Gewand.

Das Entwerfen von Licht für Räume teilt sich leider oft in die zwei Bereiche Straßenraum und Fußgängerbereiche auf. Aber genau das wäre falsch, diese Trennung ist gerade zu überwinden. Der Entwurf muss eine fortlaufende Verdichtung des Lichteindruckes erreichen. Die Intensität des Lichtes könnte in den Zentren immer intensiver werden. Nicht dass alles heller wird oder gar schriller. Es geht um die Nuancen des Lichtes, seiner Präsenz auf der Straße und den Plätzen in einer relativen Bedeutung. Das vorhandene Licht kann die vorhandene Umgebung so deutlich machen, dass sie sich nachts wandelnd auf der Straße Meter für Meter jedem als unmittelbare Umgebung erschließt und man sich dort wohl fühlt. Aus der relativen Ferne muss das Licht in den Zentren stark genug sein, um zu präsentieren und dauerhaft zu sich zu locken. Zusätzlich begrenzt das Licht vorab definierte Bereiche. Lokal starkes Licht sollte in Ausnahmefällen oder »chaotisch« möglich sein, ohne den Gesamteindruck zu stören. Davon sind die vorhandenen Installationen und Anlagen weit entfernt.

3 Gesellschaften und Inszenierungen vor dem 17. Jahrhundert fanden fast ausschließlich bei Tage statt.

Wege- und Fassadenbeleuchtung

Jede Leuchte hat einen IP-Wert, der ihren Schutz gegenüber Feuchtigkeit, Staub und anderen Einflüssen beschreibt. Manche Leuchtmittel und einige Vorschaltgeräte funktionieren nur in beschränkten Temperaturbereichen, starten zum Beispiel nicht bei starkem Frost.

Die verwendbaren Leuchten setzen sich aus zwei Gruppen zusammen: den Leuchten, die den Bodenbereich mit Licht füllen, und den Leuchten, die Fassaden illuminieren können. Hinzu tritt das aus den Gebäuden und Schaufenstern emittierte Licht, das schwieriger zu beeinflussen ist.

 Seilspannleuchte

Mastleuchte LPH 3,5–4,5 m

Mastleuchte mit Straßenoptik LPH ca. 7 m

 Differenzierte Fassaden-beleuchtung

Licht von innen

 Baum

Brunnen

In der Stadt Braunschweig: Der Schwarzplan zeigt die funktionale Beleuchtung auf dem Platz und den anliegenden Straßen zusammen mit dem Licht auf den Fassaden.

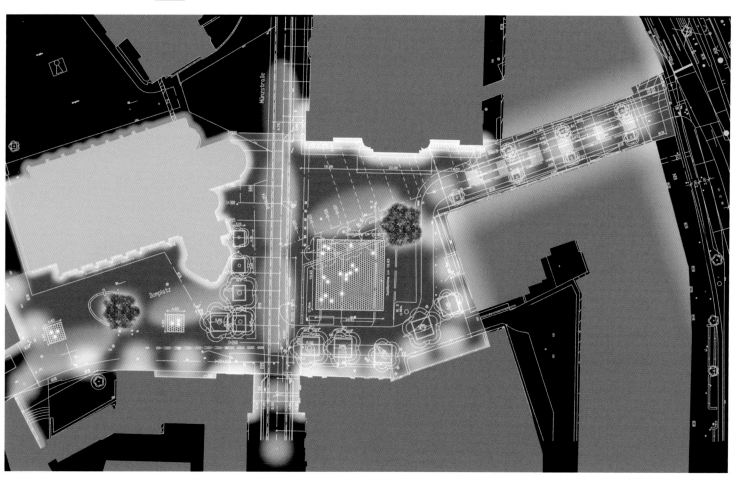

1) Allgemeinbeleuchtung der Verkehrsflächen

Für die Lichtqualität sind die Lichtpunkthöhe und die Position der Leuchte entscheidend. Man kann Leuchten auf Masten, abgespannt oder an den Gebäuden selbst positionieren. Masten sind die einfachste Lösung, sie sind weithin akzeptiert, aber sie stehen nun mal »im Weg« und haben wenig sinnliche Qualitäten. Mit Abspannungen kann man Leuchten meistens optional positionieren. Aber sie sind schwierig zu platzieren, weil man das Einverständnis der Hauseigentümer zur Montage und Einspannung braucht und sich über längere Strecken nicht immer die geeigneten Befestigungspunkte finden. Natürlich ist auch die Wartung der meist in der Straßenmitte befindlichen Leuchten schwieriger als die derjenigen am Rand. An den Fassaden montierte Leuchten sind eine simple Lösung für enge Straßenquerschnitte.

Wie man das Licht für die Verkehrsflächen dann letztlich setzt, ist eine Entwurfs- und Kostenfrage. Die technischen Vorgaben sind klar. Je weiter voneinander entfernt und je höher man Leuchten setzt, umso anonymer, allgemeiner, ermüdender, aber auch blendfreier wird das Licht sein. Ein Wechsel verschiedener Lichtpunkthöhen und Zuordnungen schafft dagegen ein lebendiges Stadtbild.

2) Beleuchtung von Fassaden – Licht ganz nah

Die alten Beleuchtungsanlagen haben mit einer hohen Wattage Fassaden oder Türme aus großen Entfernungen mit Flutlicht schlicht erhellt. Je mehr desto besser. Das Ergebnis war oft beeindruckend, aber flach, weil nie die Textur der Fassade zum Tragen kam. Diese Technik umkehrend, wurde eine Weile versucht, direkt am Gebäude meist eng strahlende Scheinwerfer anzubringen. Sie brachten zuviel Schatten und Dramatik – oft Lichtkitsch, der von den Architekten nie intendiert war. Denn sie verzerren oft die Proportionen einzelner Fassadenelemente.

Die raffinierten Lösungen kombinieren heute die fokussierte Anstrahlung der Fassaden aus der Distanz mit Gobo-Strahlern mit distinguiertem, also oft relativ schwachem Licht direkt am Gebäude. Eine eventuell wartungsfreundliche Alternative ist es, das Licht mit Lichtleitfasern wirklich in die unmittelbare Nähe der Fassadenteile zu bringen, das wirkt sehr gut, wenn die Fassade in hellen Tönen gehalten ist.

Abgespannte Verkehrsbeleuchtung in Bremen

3

Beispiele

Stimmungsvolles Licht zum Konsumieren

Der »Bürger« in Bremerhaven von WES & Partner ist ein neuer lang gezogener Boulevard, der mit seinen breiten Fußwegen und der adäquaten Bepflanzung zum Flanieren einlädt. Einheitliche Vordächer bilden eine Obergrenze der neuen Gestaltung und bilden so einen gemeinsamen Nenner. Darüber hinaus schützen diese durchgehenden gläsernen Vordächer vor der Witterung und schaffen einen am Fußgänger orientierten Maßstab. An diesen Vorgaben ist auch das Licht orientiert worden, das hier bis spät in die Nacht noch in allen Facetten leuchtet.

Keine privaten Reklamen oder angestrahlten Gebäude stören den eigenständigen Charakter der Mall »outdoors«, dem auch die eingesetzten Spiegelsystem-Mastleuchten auf dem »kleinen Boulevard« Rechnung tragen. Dazu fällt bodennahes Streiflicht auf die für den öffentlichen Verkehr gesperrte Straße, und schafft durch diesen abwechselnden Rhythmus mit seinen Intervallen eine Ordnung. Die in die gläsernen Vordächer integrierte Beleuchtung korrespondiert mit dem Licht aus den Schaufenstern. Dadurch entsteht im Fußgängerbereich in unmittelbarer Nähe des Geschäftes eine Pariser Passage, die nachts durch einen »Raum mit Licht« definiert ist. So ist der nicht mehr sehr attraktiven Bebauung eine gewisse Eleganz eingehaucht, deren Flair bis zum Kirchenplatz mit seinem eigenen Lichtbild führt.

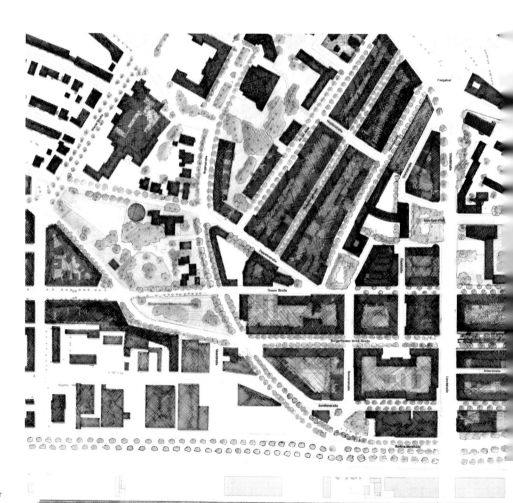

Die Bürgermeister-Smit-Straße in Bremerhaven hatte ihren Glanz verloren, hier der Entwurf für die Neugestaltung.

Das neue Lichtkonzept strahlt auch auf die Umgebung aus: Ein beleuchtetes Wasserspiel und ein leuchtendes Glasdach betonen die Länge und Großzügigkeit des Boulevards – und: Die Bürger fühlen sich abends wieder sicher.

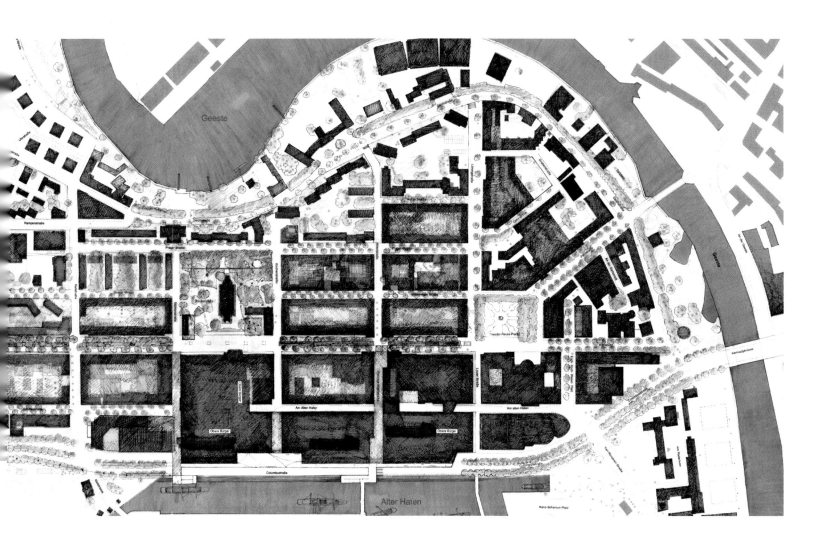

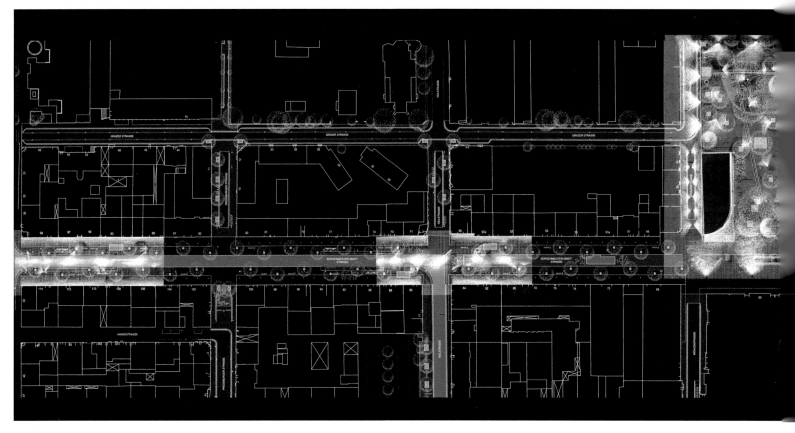

Das leuchtende Fontänenfeld und das
Lichtband über dem Kirchenplatz funktionieren auch als »Spielzeug«.

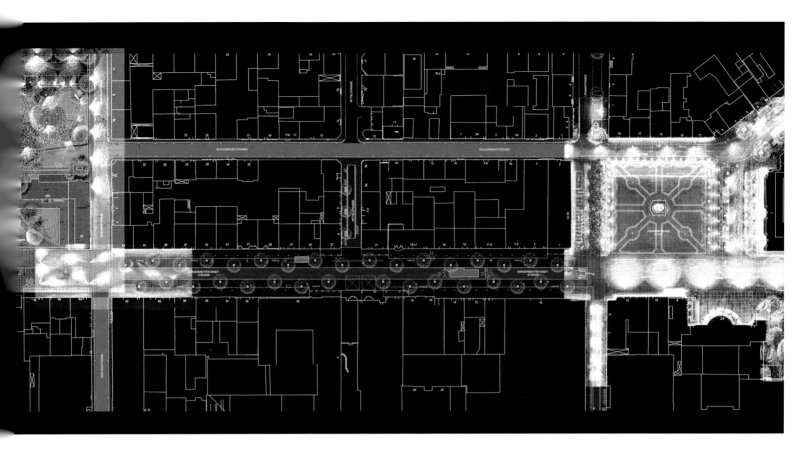

Der Schwarzplan zeigt die wichtigen Bereiche des Lichtkonzeptes für den »Bürger« in Bremerhaven. Kirchenplatz und Marktplatz sind wichtige Bestandteile.

Die Kombination des Bodenstreiflichtes mit den indirekt strahlenden Mastleuchten schafft das Funktionslicht des Boulevards.

Das Hamburger Rathaus in neuem Licht: Die wesentlichen Veränderungen zu vorher (rechts oben und unten) sind:
Die plastische Wirkung der Fassade, der helle Sockel- und Erdgeschoß-bereich (ohne Blendung) und der halbierte Stromverbrauch der Lichtanlage.

Kontrastreichtum auf großer Fläche

Das Hamburger Rathaus begrenzt den Rathausmarkt in südwestlicher Richtung und ist bereits aus der Mönckebergstraße zu sehen und noch weiter von der Lombards- und Kennedybrücke über die Binnenalster hinweg. Hier spielt die Fern- und Nahwirkung in der nächtlichen Stadt eine große Rolle. Durch den Einsatz einer »Beleuchtungshierarchie« – also einer Abstufung von den hellsten zu den dunkler wirkenden Gebäuden – könnte das Rathaus an erster Stelle stehen. Bisher erhielt das Rathaus sein Licht aus großflächig leuchtenden Scheinwerfern von den Dächern der gegenüber liegenden Häuser. Dieses Licht wirkte relativ platt und ließ den Sockelbereich des Hauses im Dunkeln.

Das neue Konzept kombiniert zwei Beleuchtungsmethoden:

– Weiches, großflächiges Licht von den Masten aus. Es ist bereits kleinteiliger als dasjenige der früheren Scheinwerfer und schafft mit den Gobostrahlern (Gobos sind »Lichtschablonen«) auch Unterschiede im Hell-Dunkel-Verlauf.

– Fassadennah montierte Leuchten schaffen Kontraste und Schatten, die die Plastizität der Fläche hervorheben und das weiche, flächige Licht ergänzen.

Beide Lichtarten zusammen bewirken einen Ausgleich zwischen den Extremen Großflächigkeit und Kontrastreichtum.

Das Dach erhält ein großflächiges ruhiges Licht, die Leuchten liegen zwischen den zahlreichen Gauben. Der Turm, der ebenso wie das Dach für die Fernsicht entscheidend ist, erhält vorn fassadennahes und flächiges, seitlich großflächiges Licht.

Mit etwa 8 KW (138 Strahler) Leistungsaufnahme für die Front- und Seitenfassaden liegt die Anlage deutlich unter dem Verbrauch der alten Anlage mit 16 KW (12 Strahler), die nur für die Beleuchtung der Frontfassade eingesetzt worden sind.

Anstrahlung vor 2004

Detail Anstrahlung vor 2004

Leuchtdichtemessung des Turms
bei einer Beleuchtungsprobe

Beispiele: Historische Fassade

Ansicht des Hamburger Rathauses mit Leuchten

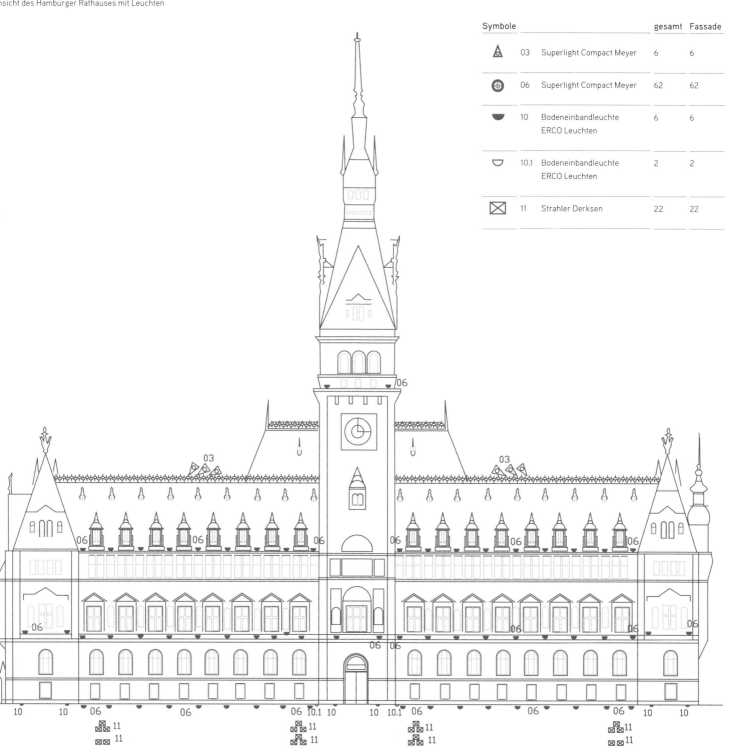

Symbole			gesamt	Fassade
△	03	Superlight Compact Meyer	6	6
◉	06	Superlight Compact Meyer	62	62
◗	10	Bodeneinbandleuchte ERCO Leuchten	6	6
◡	10.1	Bodeneinbandleuchte ERCO Leuchten	2	2
⊠	11	Strahler Derksen	22	22

Fotomontage mit Ausschnitten aus Beleuchtungsproben

Superlight Compact (03)

Superlight Compact (06)

Bodeneinbauleuchte (10)

Bodeneinbauleuchte (10.1)

Grafiklichtwerfer (11)

t für das Rathaus Hamburg   20.10.2003   ©ULRIKE BRANDI LICHT

Schillernder Warentempel

Das große White City Einkaufszentrum liegt im Nordwesten von London in unmittelbarer Nähe zur BBC Hauptzentrale. Es ist ein typisches Beispiel für die in Großbritannien üblichen, sehr groß dimensionierten Shopping Malls. White City ist eine kleine Stadt für sich mit innen liegenden Straßen und Plätzen und einer erstklassigen Verkehrsanbindung. Drei U-Bahnstationen, unter anderem die eigens neu geschaffene Station »White City«, und ein großer Busterminal liegen in der direkten Umgebung und ein Parkhaus mit über 5000 Parkplätzen nimmt die unteren drei Etagen des Komplexes ein.

Als erster Eindruck für den Besucher sind die Eingangsbereiche immens wichtig. Hohe leuchtende Wände aus so genannten »Lightboxes« prägen die Zugangswege. Diese »Lightboxes« sind hinterleuchtete Glaskästen, die sowohl als Präsentationsfenster als auch als Projektionsflächen eingesetzt werden können. Durch die individuelle Steuerung jeder Box kann dieser Bereich nach Wunsch bespielt werden und bietet unendliche Möglichkeiten der Gestaltung.

Ein weiterer wichtiger Zugang zum Einkaufszentrum ist das unterirdische Parkhaus. Die Einfahrtsrampe dient als Adaptationszone, um vom hellen Tageslicht einen Übergang zum im Verhältnis dunkleren Kunstlicht im Inneren zu ermöglichen. Dies geschieht durch verschiedene Helligkeitszonen, die dem Auge Schritt für Schritt ermöglichen, sich den Lichtverhältnissen anzupassen. Nachts wird dieser Effekt umgekehrt. Das Parkhaus ist sehr hochwertig gestaltet und gibt dem Besucher durch ein hohes Helligkeitsniveau ein Gefühl der Sicherheit. Durch Licht hervorgehobene Hauptfahrwege und Fußwege erleichtern die Orientierung. Lange, scheinbar schwebende Lichtlinien gliedern die verschiedenen Parkstraßen. Asymmetrische Leuchten erhellen die Außenwände, um dunklen Ecken zu vermeiden.

Luftaufnahmen der Londoner Innenstadt

Visualisierung des nächtlichen Stadtteils
White City in London

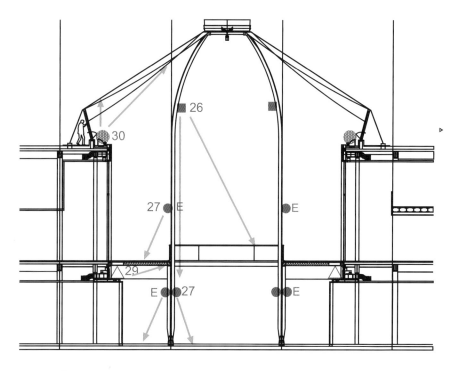

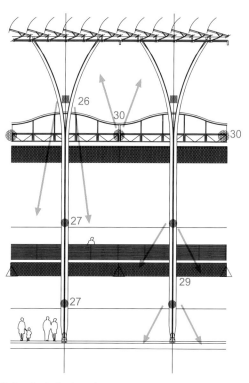

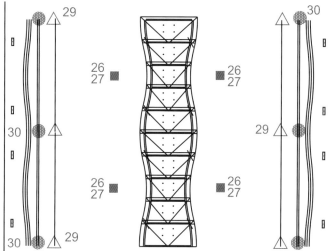

Schnitte und Grundriss der »Streets« des
Einkaufszentrums White City in London

E: Integrierte Sicherheitsbeleuchtung

Illumination level in lux	
streets	150-300

Die vertikal angeordneten Leuchten erzeugen das Allgemeinlicht, sie sind in 15 m Höhe und einem Abstand von 8 m befestigt. Das Gehäuse enthält zwei Lampen: 400 W neutralweiss für die Tagsituation, 250 W warmweiss für die nächtliche Beleuchtung.

Die Leuchten sind 3 m oberhalb des unteren Verkaufsangebotes und wiederum 3 m über dem oberen Angebot in vertikalen Linien befestigt. Diese Leuchten sind ein Blickfang für die Besucher, erzeugen aber auch ausreichende Beleuchtungsstärken. Die Leuchten enthalten auch die Notbeleuchtung.

Lichtstrahlen werden unter die Galeriendecke alle 8 m projiziert. Damit entsteht indirektes Licht für die Laufwege im Kontext mit der Geometrie der Architektur.

Leuchten erhellen das Dach alle 8 m hinter der Brüstung der oberen Schaufensterfassaden.

Aufnahme des beleuchteten 1:10 Modells
der »Streets«

Außenbereich mit Brücke in der White City

Das Einkaufszentrum selbst gleicht einem kleinen Dorf mit glasüberdachten »Strassen« (Covered Streets) und einem ebenso glasüberdachten zentralen »Marktplatz« (Wintergarden). Tagsüber fällt viel Licht in die Innenräume und lässt so eine lebendige und klare Atmosphäre entstehen. An den Stützen angebrachte Straßenleuchten unterstützen auch nachts den Eindruck, dass man sich unter freiem Himmel befindet. Die Leuchten sind in drei Ebenen angeordnet: jeweils eine kleinere Leuchte in Blickhöhe auf der unteren Ebene, eine auf der Galerieebene und eine große Leuchte auf etwa 20 Metern Höhe.

Das warme Licht aus den kleineren Leuchten gibt dem Besucher ein angenehmes Gefühl, da er aufgrund der relativ niedrigen Anbringung der Leuchten auch erkennen kann, woher das Licht kommt. Sie ergänzen jedoch nur das Grundlicht, das durch die großen und leistungsstärkeren Leuchten geschaffen wird. Diese sind mit zwei Leuchtmitteln bestückt – einem neutralweißen Leuchtmittel für tagsüber, als Unterstützung des Tageslichtes bei bedeckten und grauen Himmel vor allem in den Wintermonaten, und ein warmweißes Licht für den Abend und die Nacht. In die Lichtsteuerung eingespeiste Lichtsensoren und Timer regulieren die Um- und Einschaltung der verschiedenen Leuchtmittel.

Der »Wintergarden« bietet neben dem Funktionslicht auch die Möglichkeit bei besonderen Veranstaltungen zusätzliches Eventlicht einzusetzen. Wie in einem mittelgroßen Theater sind sowohl Strom- als auch Steuerungsleitungen vorverlegt, auf die ein solches System einfach zurückgreifen kann.

Die eindrucksvolle Fassade von White City ist weithin sichtbar, sowohl von der nahe gelegenen Schnellstrasse wie auch von den hier teilweise überirdisch fahrenden U-Bahnen und dem großen Busbahnhof. Die großen, bis auf schmale Fensterreihen geschlossenen Flächen an der Nord- und Südseite des Einkaufszentrums bieten sich somit als Projektionsflächen an. Mit Hochleistungsprojektoren, die auf Lichtmasten oder gegenüberliegenden Gebäuden platziert sind, ist es möglich, jedes gewünschte Motiv auf der Fassade abzubilden. Ein so genanntes »Keystone« System kann auch bei schwierigen Standorten des Projektors bezogen auf die Fassade Verzerrungen des Bildes ausgleichen.

Glasfirmament mit Lichtsegeln

Grundlegende und integrale Entwurfskriterien für die zentrale Terminalhalle waren Transparenz, Helligkeit, und optimale raumklimatische und akustische Bedingungen. Alle abfliegenden und ankommenden Fluggäste betreten beziehungsweise verlassen das Terminal II über die weiträumige, lichtdurchflutete Check-in-Halle. Funktionalität und Ästhetik werden durch die klar strukturierte und transparente Raumaufteilung zu einer überzeugenden Synthese geführt. Mit ihrem großzügigen Erscheinungsbild knüpft die zentrale Halle an das benachbarte München Airport Center an und setzt eigene Akzente hinsichtlich der Maßstäblichkeit, Detailausbildung, Konstruktion und Lichtführung.

Wie einen Himmel überspannt das Dach die großzügige Halle mit ihrem hohen Luftraum. Es bildet in seiner Zweischaligkeit ein Volumen, einen plastischen Abschluss des Raumes nach oben. Wie der Himmel sein Firmament, so hat das Dach seine äußere Hülle mit den geschlossenen und verglasten Flächen.

Wie der Himmel seine Wolken, so hat das Dach seine untergespannten Lichtsegel. Die gläserne Halle erlaubt eine optimale Ausnutzung des Tageslichtes. Die beweglichen Licht- bzw. Sonnenschutzsegel im Dach werden je nach Sonnenstand so positioniert, dass direkte Sonneneinstrahlung vermieden und der Energieeintrag reduziert wird. An trüben Tagen werden die Segel unter die Bereiche mit Metalldecken gefahren, um möglichst viel Lichteinfall zu gewährleisten. Dadurch kann auf künstliche Beleuchtung tagsüber weitgehend verzichtet werden.

Die helle Decke und die Lichtsegel des Terminals II des Flughafens München sind bis in den Außenbereich sichtbar, die Pneudächer der Vorfahrt schimmern in indirektem Licht.

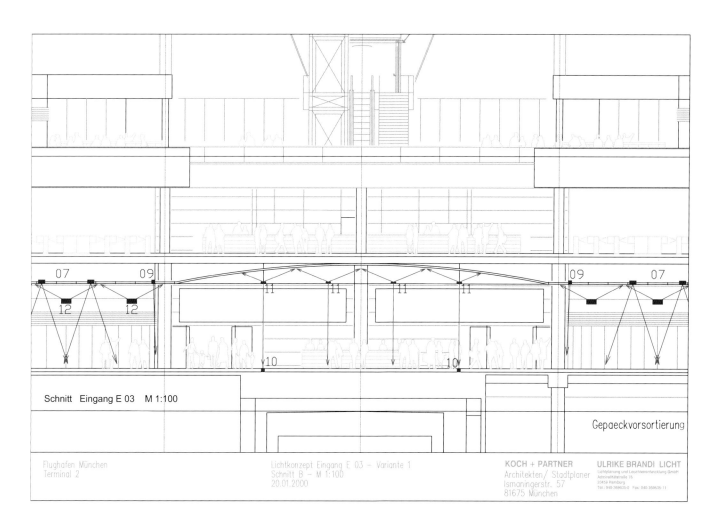

Schnitt Eingang E 03   M 1:100

Gepaeckvorsortierung

Flughafen München
Terminal 2

Lichtkonzept Eingang E 03 — Variante 1
Schnitt B — M 1:100
20.01.2000

KOCH + PARTNER
Architekten/ Stadtplaner
Ismaningerstr. 57
81675 München

ULRIKE BRANDI LICHT
Lichtplanung und Leuchtenentwicklung GmbH
Admiralitätstraße 76
20459 Hamburg
Tel.: 040-369635-0 Fax: 040-369635-11

Das gleiche Prinzip wird auf die beweglichen Lamellen in der Doppelfassade angewandt. Die Doppelfassade der Halle funktioniert zudem als Wärmepuffer an heißen Sommertagen.

Außerdem wurde auf dem Dach des Terminals II die größte Photovoltaikanlage in Deutschland installiert. Sie erzeugt pro Jahr ca. 50000 kWh.

Drei Tageslichtsituationen bestimmen in der Terminalhalle das Kunstlicht: Bei Sonnenwetter und klarem Himmel erscheinen die Glasflächen hell, die Segel schirmen zu intensives Licht teilweise ab, gleichzeitig reflektieren sie es diffus gegen die Unterseiten der geschlossenen Flächen.

Bei trübem, bewölktem Himmel schafft ein indirektes, gegen die massive Decke gerichtetes Licht die fehlende Helligkeit und Brillanz.

Bei äußerer Dunkelheit schafft der Wechsel von kühlerem Licht gegen die massiven Deckenteile und wärmerem Licht durch die Lichtsegel ein plastisches Gebilde von Hintergrund und Wolken. Einige Strahler mit lang gebündeltem, farbigem Licht zitieren das Blau des Himmels.

Als vertikale Linien erscheinen die das Dach tragenden Säulen, eng bündelnde Strahler hellen sie auf. Die Deckensegel stoßen nicht an die Fassaden, damit letztere wirklich bis oben sichtbar sind. Im Fassadenbereich leuchten die wenigen direkt nach unten gerichteten Strahler der Halle: sie nehmen ein Lichtthema des Piers auf. Dort herrscht direktes Licht vor, wo gerade nachts der Blick nach draußen möglichst wenig durch Innenreflexionen gestört werden soll.

Die im gesamten Terminal II entstandene Lichtführung im Wechsel zwischen direktem und indirektem Licht schafft eine weiche Korrespondenz zum ausschließlich direkt beleuchteten Terminal I und zum indirekt beleuchteten München Airport Center.

Die eingesetzten Leuchtmittel ergeben hohe Lichtausbeuten bei niedrigen Leistungsaufnahmen und relativ großen Wartungsintervallen.

Deckenspiegel des Terminals II: Das Licht entsteht aus der Kombination von Deckenflutern, Licht in den Licht-Akustik Segeln und direkten Leuchten an den Stützen. Von der Halle aus sind fast keine Leuchten zu sehen.

Schnitt der Ankunftsebene: Hier setzt sich die Kombination von direktem und indirektem Licht im kleineren Maßstab fort.

Lichtpunkt in der Dunkelheit

Die Einbecker Innenstadt bezaubert durch Ihre historischen Gebäude und kunstvoll verzierten Fachwerkhäuser. Ein besonderer Blickpunkt ist das Rathaus am Marktplatz, das mit seinen drei Türmen auch ein Wahrzeichen der Stadt ist. Das speziell entworfene Lichtkonzept soll das Rathaus auch zu Abend- und Nachtstunden zu einem zentralen »Lichtpunkt« werden lassen und die besondere Schönheit des Gebäudes betonen.

Zwei Lichtprinzipien ergänzen sich in diesem Konzept: Die großflächige, ruhige Anstrahlung aus der Entfernung eines Lichtmasten oder gegenüberliegenden Hauses und die kleinteiligere, akzentuierte Beleuchtung von Simsen und Vorsprüngen der Fassade selbst. In Kombination schaffen diese beiden Prinzipien einen großzügigen gleichzeitig plastischen und gegliederten Eindruck der Fassade. Langfeldleuchten, hinter der Schneerinne montiert, erhellen die Dachfläche sanft. Dieses Grundschimmern verdeutlicht die Höhe des Rathauses und wirkt als Tiefe gebender Hintergrund für die Türme.

Die drei Spitztürme – »Hexenhüte« – erhalten Licht von rückseitig angebrachten Strahlern. Dieses Licht von seitlich/hinten lässt die Konturen der Türme hervortreten und verdeutlicht die Dreidimensionalität. Ebenfalls hinter den Türmen angebrachte Strahler beleuchten die Zierleiste unterhalb der durchgehenden Fensterreihe und betonen die Farbigkeit.

Lichtleisten innen an den Fensterbänken erhellen die Räume und sanftes Licht fällt nach außen. Das Gebäude wirkt dadurch belebt. Alternativ zu den Lichtleisten kann auch die Raumbeleuchtung zeitweise eingeschaltet bleiben.

Eine Deckenleuchte im Eingangsbereich betont die Treppe und vor allem den Eingang. Durch die Reflexionen des Lichts an der weißen Rückwand erscheint das Treppengeländer als kunstvolle Silhouette. Eine weitere Leuchte an der Seitenwand neben der Treppe vervollständigt diesen Effekt.

Strahler an den Masten auf dem Marktplatz werfen flächiges weiches Licht auf die Türme und die Fassade. Die östliche Ansicht des Rathauses ist im engen Durchgang zum Hallenplan nur begrenzt. Eine farbige Lichtleiste in Anlehnung an die Glasfenster am rückwärtigen Bereich Lichtleiste (eventuell) erhellt diesen Bereich. Die kleine Steinmauer, die den Hofbereich des Rathauses zum Hallenplan abgrenzt, erhält Bodenstrahler, die ein warmes Streiflicht auf die Mauer geben. Dieser Effekt erhöht den plastischen Eindruck der Fassade dahinter und gibt dem gesamten Platz ein weiteres kleines Highlight.

Der Hof des Rathauses ist besonders schön durch die farbigen Glasfenster des Rathauses, die historischen kleinen alten Türchen und die Bepflanzung. Leider wird dieser Bereich im Moment nur als Parkplatz benutzt und ist der Öffentlichkeit nicht bekannt. Die Hervorhebung der bunten Fenster durch dahinter liegende Lichtleisten, sowie die Installation einiger Pollerleuchten im Bereich der Bepflanzung werten den Hof deutlich auf. Das niedrige Licht schafft eine stimmungsvolle Atmosphäre und lädt zum abendlichen Verweilen ein.

Stadt Einbeck: Die »Hexenhüte«
des Rathauses

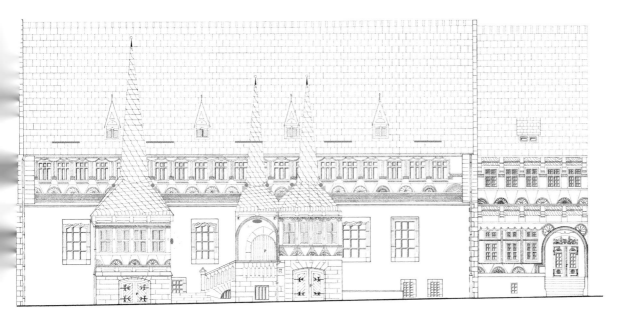

Langfeldleuchte

Strahler für Turmseiten

Strahler für Relief

Fensterbeleuchtung von innen

Deckenleuchte Eingang

Wandleuchte Treppe

Rathaus Einbeck nachts

Ansicht mit Leuchten und Leuchtenpositionen

Beispiele: Historische Altstadt

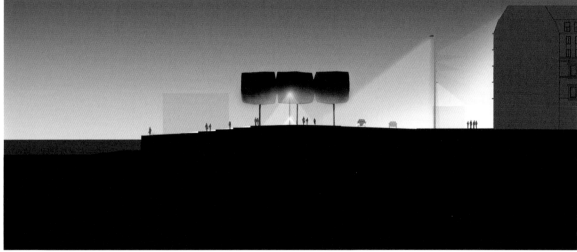

Visualisierung des Konzeptes für
den Jungfernstieg, Hamburg. Zeichnungen: Peter Wels

Schimmernde Uferzone

Die Neugestaltung des Jungfernstiegs ermöglicht den Bezug zum Wasser durch die Öffnung zur Alster. Die ausschließliche Baumbepflanzung auf der Alsterseite schafft großzügige Flächen und neue Durchblicke. Das Licht teilt sich in unterschiedliche Streifen, entsprechend den stadträumlichen Funktionen. Der Jungfernstieg erhält ein gerichtetes Licht von 16 Meter hohen Masten. Der Bereich des Gehwegs wird von Leuchten aus einer Höhe von 8 Metern, der Bereich der Straße von Leuchten aus einer Höhe von 15,5 Metern beleuchtet. Dieses funktionale Licht schafft die geforderten Beleuchtungsstärken auf der Straße und dem Gehweg, es hält den Blick von der Uferkante auf die Fassaden frei. Die Leuchten selbst treten nicht als Objekte in Erscheinung. Die Masten als Trägerelement werden formal als Doppelmasten ausgeführt.

Die 16-Meter-Masten könnten zusätzlich genutzt werden, um die Häuserfassaden des Jungfernstiegs sanft zu beleuchten. Eine Interessengemeinschaft der Geschäftsinhaber oder ein Marketingverein könnte hier selbst aktiv werden, um diese wichtige, das Stadtbild prägende Komponente zu fördern. Durch eine flächige, gleichmäßige und zurückhaltende Anstrahlung würde zum einen der Stadtraum betont, zum anderen bleibt die Möglichkeit wichtige Gebäude der Stadt, wie etwa das Rathaus, durch eine Differenzierung der Beleuchtung hervorzuheben. Das Licht unterstützt somit Strukturen einer Stadt, ohne einen Wettstreit an Helligkeit zu provozieren.

Eine Besonderheit bilden die Leuchten auf der Reesendammbrücke. Diese Leuchten betonen das in Hamburg sehr präsente Thema Wasser und schaffen das Bewusstsein, sich auf einer Brücke zu befinden. Das Thema findet sich schon jetzt auf vielen Brücken der Hamburger Innenstadt wieder und wird auch für die Reesendammbrücke als Basis der Leuchtenwahl dienen.

Im Bereich zwischen Straße und Uferkante mit schottenartiger Baumbepflanzung schafft gerichtetes, zurückhaltendes Licht aus Mastleuchten die geforderten Beleuchtungsstärken. Streulicht in den Baumkronen schafft Atmosphäre. Auch hier treten die Leuchten zurück und erhalten während der Nacht den Sichtbezug zwischen Alster und Jungfernstieg.

Umgesetzt wird dies durch 4,5 Meter hohe Lichtstelen, die über zwei Lichtpunkte verfügen, auf 1,2 Meter einen direkt strahlenden Lichtpunkt und in 4,3 Meter Höhe ein indirekt aus der Baumkrone strahlenden.

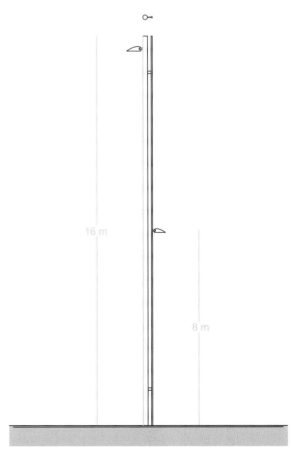

16 m

8 m

Mastleuchten am Jungfernstieg, Schnitt: niedriges, nach unten gerichtetes Bodenstreiflicht aus den Setzstufen; mittlere, den Fußgängern angepasste Lichtpunkthöhe unter den Baumkronen; hohe Lichtpunkte für Straßenlicht und Fassadenanstrahlung.

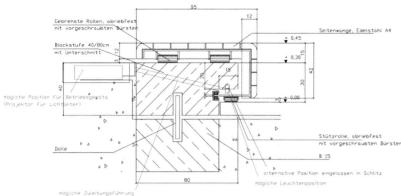

Gebremste Rollen, abriebfest

Gebremste Rollen, abriebfest
mit vorgeschraubten Bürsten

Blockstufe 40/80cm
mit Unterschnitt

mögliche Position für Betriebsgeräts
(Projektor für Lichtleiter)

Dolle

mögliche Zuleitungsführung

Seitenwange, Edelstahl A4

Stützrolle, abriebfest
mit vorgeschraubten Bürsten

B 15

alternative Position eingelassen in Schlitz
mögliche Leuchtenposition

Detail des Lichtbandes unter den Stufen

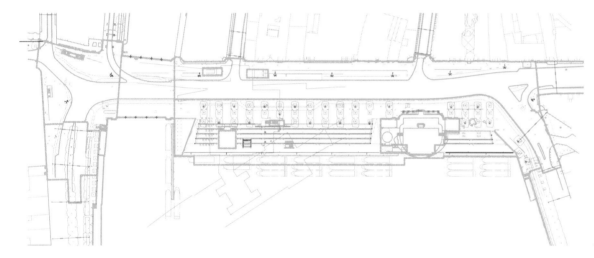

Positionen der Leuchten am Jungfernstieg

16 m Doppelmast

8 m Standardmast

Flächenstrahler LPH, 16 m
1 x 250 W HIT

Flächenstrahler LPH, 16 m
2 x 70 W HIT, alternativ:
1 x 150 W HIT

Lichtstele 4,5 m mit Montageplatte
1 x 35 und 1 x 70 W HIT

Glasfaserseitenlicht in Sitzstufe
alternativ LED
alternativ Leuchtstofflampe

LED Linie Bodeneinbau warmweiß

Gehwegbeleuchtung
Reesendammbrücke

Einbauleuchte in Sitzstufe für
Rampenbeleuchtung TC-L 36 W
alternativ TC-T26 W

Einbauleuchte in Sitzstufe für
Treppenbeleuchtung TC-D 10 W

Uferbeleuchtung in Informations-
system

Lichtband (Deckeneinbau)
im U-Bahn-Abgang Ost
3 x 80 W

Licht aus Handlauf / Pfosten
Abgang Ost

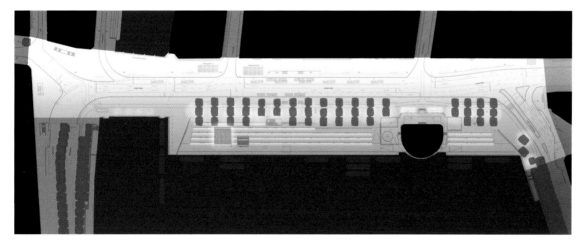

Schwarzplan mit den Grenzen
des Planungsbereiches

Die ruhige, großzügige Stufenanlage erhält sanftes Licht auf den Stufen durch eingelassenes Glasfaserseitenlicht. Die Fläche bleibt frei von Leuchtenkörpern. Niedriges, gerichtetes Licht aus den Seitenflächen der Stufen leuchtet die Anlieferwege und Rampen zur Alster mit geringen Intensitäten aus. Die großzügige, freie Fläche vor der Uferkante bildet das Entree zum Wasser. Eine ruhige, möglichst dunkle Fläche bereitet auf das Hauptthema Wasser vor. Diese gestalterisch elementare Maßnahme erfordert die zu empfehlende Unterschreitung der geforderten Beleuchtungsstärken für Schiffsanleger. Eine 2,8 Meter vor der Uferkante liegende LED-Linie bietet einen optischen Hinweis. Die Fortschreibung des Entwurfes sieht eine Maximierung der Mastabstände im Bereich der Straße aus Gestaltungsgründen vor. Die hieraus resultierende Möglichkeit, die Reesendammbrücke und die Eingänge der U-Bahn frei von hohen Mastsystemen zu halten, konkurriert mit den lichttechnischen Belangen einer optimierten Beleuchtung.

Blick auf das inhomogene Licht am Jungfernstieg vom Ballindamm vor der Neugestaltung

Die angrenzenden Alsterarkaden

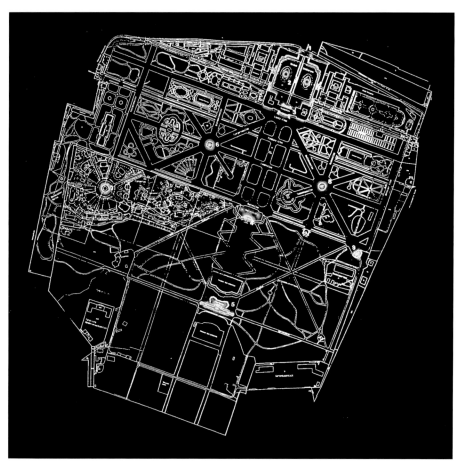

Schlosspark Schönbrunn: Das Lichtkonzept nimmt die barocken Achsen auf;
es vermeidet eine flächendeckende Ausleuchtung.

Der Neptunbrunnen im Zentrum des
Schlossparks. Bei bestimmten Veranstaltungen erhält er wechselndes,
farbiges Licht.

Barocke Pracht neu inszeniert

Über ein weites, betont geometrisch geordnetes Terrain verteilen sich im Wiener Schloss Schönbrunn und seinem Garten seine einzelnen Bauwerke. Haupt- und Nebenachsen verbinden sie, schaffen Beziehungen zwischen kleineren und größeren Baukomplexen und verleihen dem Schloss sein genuin barockes Gepräge. Das hierfür entwickelte Lichtkonzept setzt exakt an dieser Stelle an, indem es primär auf die Sichtbarkeit der räumlichen Beziehungen setzt.

Die Zentralachse zwischen Schloss und Gloriette führt außerhalb der Anlage über die Schlossallee bis hin zum Technischen Museum. Wer von hier aus auf das Schloss zugeht, wird von zwei Eingangs-Obelisken empfangen. Adler auf ihren Spitzen rahmen dabei die höher und weiter nördlich liegende Gloriette ein. Mittels pointierter Beleuchtung unterstreichen sie die Fernwirkung der Gesamtanlage in ihrer Tiefendimension.

Im darauf folgenden Ehrenhof des Schlosses erhalten zwei symmetrisch angeordnete Brunnen optische Akzente – durch Anstrahlen ihrer zentral gesetzten Skulpturen. Dezent beleuchtet, um keinen Trennungseffekt hervorzurufen, erstreckt sich die zwischen ihnen liegende Hauptachse. Ein wenig Licht fällt auf die seitlichen Arkaden, um auf den dahinter liegenden Park aufmerksam zu machen.

Die optische Ausdifferenzierung der zum Park hinweisenden Nord-Fassade, unterstützt ihre unterschiedliche Ausleuchtung. Während die Seitenflügel in helles Licht getaucht sind, nimmt sich der Mittelteil zurück, um die Eingangsituation unter dem Großen Treppenaufgang umso heller erstrahlen zu lassen. An zentraler Stelle des Gartens, in der Mitte zwischen Schloss und Gloriette, liegt der Neptunbrunnen. Seitliche Achsen führen von ihm zu weiteren Bauwerken: zwei Brunnen, einem Obelisken und einem Pavillon. Ihr interner Zusammenhang hebt die individuelle Lichtgebung hervor, die in der Kombination aus hell-freundlicher Grundstimmung und optischen Akzenten die Leitthemen des Lichtkonzepts umsetzt. So geben dem Sternbrunnen Unterwasserleuchten eine transparent, großflächige Erscheinung, während den Rundbrunnen punktuelles, auf seine Skulptur hin ausgerichtetes Licht betont. Aufgrund ihrer geografisch höheren Lage »schwebt« die Gloriette über der Gesamtanlage. Ihre Beleuchtung setzt zum einen auf diese exponierte Stellung, indem sie den hohen Luftraum betont. Zum anderen differenziert sie die architektonische Finesse des Gebäudes: Die Säulen werden einzeln beleuchtet, die Fassade ähnlich wie beim Schloss unterschiedlich angestrahlt und die Innenbereiche mit Licht belebt, um die Deckenuntersichten hell in Erscheinung treten zu lassen. Der Gesamteindruck resultiert in einer alles vorherrschenden Transparenz der Gloriette.

Park: Negara Bank, Kuala Lumpur

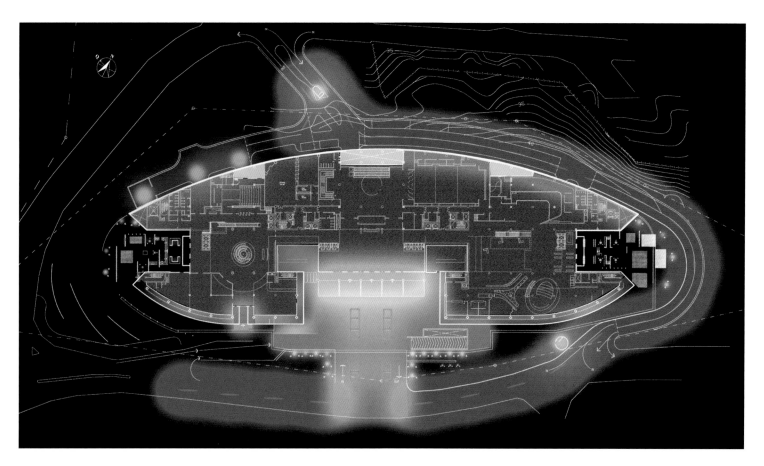

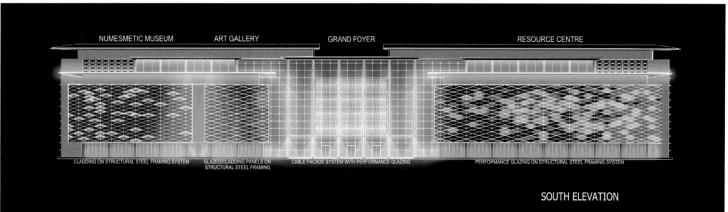

| NUMESMETIC MUSEUM | ART GALLERY | GRAND FOYER | RESOURCE CENTRE |

CLADDING ON STRUCTURAL STEEL FRAMING SYSTEM   GLAZED CLADDING PANELS ON STRUCTURAL STEEL FRAMING   CABLE FACADE SYSTEM WITH PERFORMANCE GLAZING   PERFORMANCE GLAZING ON STRUCTURAL STEEL FRAMING SYSTEM

SOUTH ELEVATION

Entwurf für das Außenlicht und die Fassadenbeleuchtung der Nationalbank in
Malaysia; Aufsicht und Fassadenansicht

Licht zur Förderung der Kommunikation

Die Negara Bank in Malaysia investiert in ein großes Fortbildungs- und Forschungszentrum für die Weiterbildung nicht nur ihrer eigenen, sondern auch von Mitarbeitern anderer Banken im asiatischen Raum.
Das Gebäude ist großzügig angelegt, täglich beherbergt es bis zu 400 Teilnehmer, die unterschiedlich lange dauernde Fortbildungen und Konferenzen besuchen.
Das Hauptgebäude umfasst Büros, eine Bibliothek, ein Numismatik-Museum, eine Galerie für moderne Malerei Malaysias, Sprachlabore, Vortragssäle, Kommunikationsbereiche und Seminarräume.
Der Bauherr legt großes Gewicht darauf, dass die Benutzer der Hauses leicht ins Gespräch kommen, Austausch pflegen können, und eine informelle Begegnung möglich ist. So gibt es verschiedene Außenbereiche, die unterschiedliche und kommunikative Nutzungsformen erlauben.

Der große Platz vor dem Haupteingang

Das Gebäude steht auf einem sehr begrünten Hügel, den man über die in Kuala Lumpur typischen verschlungenen Straßen erreicht. Dort öffnet sich der großflächige Platz, der sich optisch bis in die Eingangshalle erstreckt. Seitlich begrenzen halbhohe Mauern den Platz. Um abends Veranstaltungen unterschiedlich beleuchten zu können, gibt es ein Grundlicht für den Patz, das durch ein Reflektorsystem im Dachüberstand über die große Höhe nach unten gelenkt wird.
Die Reflektoren bestehen aus einer Folie, die die optischen Eigenschaften einer Kalottenfläche hat.
Das atmosphärische Licht stammt aus Einbauleuchten in den umgrenzenden Mauern und schafft kleinteiligere Zonen an den Rändern des Platzes. Dort befinden sich Pflanzbereiche und kleine Wasserflächen, durch Sitzgelegenheiten ergänzt. Die im Plan dargestellten Wasserflächen leuchten vom Wasser aus: In den Wasserbecken gibt es Glasfaserseitenlicht und Unterwasserstrahler.
Vier hohe Multifunktionsmasten liefern das Grundlicht im vorderen, gebäudefernen Bereich. Sie ermöglichen auch die Montage zusätzlicher Strahler für Veranstaltungen mit Bühnen- und Effektlicht.

Die seitlichen Höfe als intimere Außenbereiche

Der Westhof ist einem kleineren Restaurant zugeordnet und mit Tischen möbliert. Ein verspanntes Netz mit kleinen Lichtern in den Knotenpunkten schafft wie eine Pergola einen optischen Abschluss des Hofes in der Höhe. Auch wenn die Tische unterschiedlich gestellt werden, gibt es immer ein ausreichendes Licht. Lichtlinien im Boden unterstützen das grafische Muster der Landschaftsplanung.
Der Osthof erhält außer an der quer gestellten Bar kein allgemeines Licht, sondern möbelintegrierte Leuchten und wenige Strahler auf Pflanzen.
Die große Eingangshalle leuchtet nach außen und prägt so die Atmosphäre des Außenraumes mit.

Bachs Kirchhof

Für den geschlossenen, durch Publikumsverkehr und Gastronomie sehr belebten Thomaskirchhof in Leipzig verlangte ein Masterplan nach neuer Lichtgestaltung. Das bislang eher zufällig, grelle und platte Anstrahlen der südlichen Kirchenfassade wurde dabei durch eine Kombination aus vier Beleuchtungsszenarien ersetzt: einer dezent flächigen und warmen Anstrahlung von gegenüberliegenden Häusern, einer fassadennahen Beleuchtung, einer Hinterleuchtung der Kirchenfenster sowie dem Platz- und Wegelicht aus vorhandenen Schinkelleuchten. Zusammen sorgen alle diese Faktoren für mehr Plastizität der Architektur, für ein optimiertes Einbeziehen der Kirchenfassade in das Platzensemble sowie für eine dezentere, mild gestimmte und einfühlsame Beleuchtung.

Lageplan der Thomaskirche in Leipzig
mit den umliegenden Plätzen, unten:
der Thomaskirchhof mit Bachdenkmal

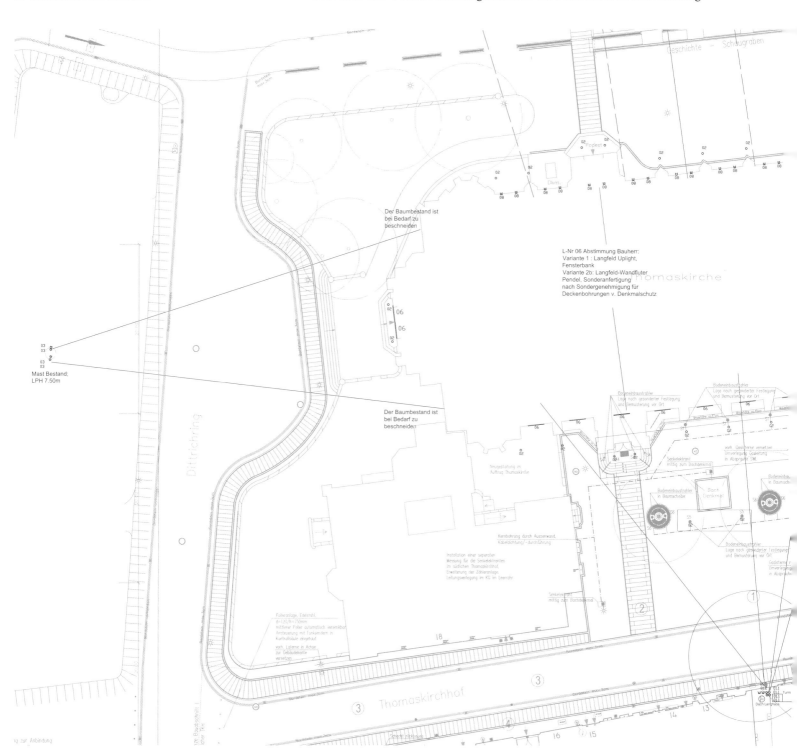

	Platea Lichtfächer vertikal HIT 150 W
	Platea Lichtfächer horizontal HIT 150 W
	Woody HIT 35
	Platea Lichtfächer horizontal HIT 70 W
O	Tesis Bodeneinbauleuchte HIT 35
	Superspot HIT-CRI 150
	Wandfluter T16 54 W
⊕	Mast LPH 10 m

Die Thomaskirche reflektiert Licht in ihre Umgebung, der Turm ist aus der Entfernung zu sehen. Das zurückhaltende Licht unterstützt den heimeligen und kleinteiligen Charakter des Thomaskirchhofes.

Blick in den 116 Meter hohen Gasometer
in Oberhausen. Der von innen leuchtende
Wasserkegel ist 50 Meter hoch und
erhielt wechselndes Licht von innen oder
außen. Die Sterne sind auf die Gasometer-
haut projiziert.

Mystische Wasserlichtskulptur

Ausstellungen in dem über 100 Meter hohen, ehemaligen Gasometer leben von seiner spektakulären Größe. Anlässlich der Schau »Blaues Gold« zum Thema Wasser wurde der Besucher hier durch drei Ebenen geführt: einen wüstenhaften Eingangsbereich mit warmen Licht, das eine Sonnenuntergangs-Stimmung erzeugte; darüber sah man Video-Wasserfälle als 360° Panorama. Den Höhepunkt setzte in der dritten Ebene eine Wasserlichtskulptur aus einem 50 Meter hohen Lichtkegel und fließendem Wasser an seiner Oberfläche. Im dunklen Umfeld des Kegels begann ein kaltes, dem Nordlicht nachempfundenen Leuchten, das über verschieden weißlich-blau eingefärbte Lichtszenen in einem hell leuchtenden Kristall zu gipfelte. Drei Lichtarten wechselten sich ab: eine Fläche aus sternförmig angeordneten Leuchtstofflampen leuchtete von innen und ließ den Kegel transparent erscheinen. Werden diese gedimmt und die von außen scheinenden Strahler hochgefahren, wirkt der Kegel geschlossen – als hätte er eine matte Metalloberfläche. Außerdem schaffen die Unterwasserleuchten ein bewegtes Bild von den Lichtreflexen. Die Übergänge zwischen den einzelnen Lichtszenen waren die besten Erlebnisse.

Schnitt durch den Gasometer Oberhausen mit den drei Ausstellungsebenen EG: Geschichte des Wassers, 1. OG: Filminstallation, 2. OG: Leuchtender Wasserkegel mit Sternenhimmel

Beispiele: Temporäre Lichtinszenierung

Lichthalme für eine neue Identität

Plan Lumière lautet der Name für den Masterplan Licht der Stadt Zürich. In Zukunft wird er den gesamten Raum der Schweizer Stadt mit einer neuen Lichtkonzeption versorgen. In der Gegenwart hat er in Form von Teilprojekten bereits Gestalt angenommen. Eines davon schließt den Stadtteil Affoltern mit ein, ein Quartier im Einzugsbereich von Zürich. Das ehemalige Dorf Affoltern hat in den vergangenen Jahrzehnten seinen Charakter aufgrund neuer Bebauung verloren. Das Lichtprojekt hilft dabei, der Gegend neue Identität zu verleihen, indem es den öffentlichen Raum durch Licht aufwertet.

Das neue Licht ist vor allem für Fußgänger und Fahrradfahrer in der Bahnhofsumgebung geschaffen. Aber auch in seinem weiteren Umkreis setzen sich die neuen Lichter fort. Niedrige Mastleuchten und Lichtpunkte in vier Meter Höhe sorgen für Beleuchtung auf Plätzen, Straßen, Wegen und Eingangssituationen des Stadtteils. Dazu zählen Torsituationen, Eingänge zu Unterführungen oder zum Einkaufszentrum. Die Leuchten unterbrechen die Monotonie der Hauptstraßen und laden zum Verweilen ein. Lichtpunkte im Boden führen ins Quartier hinein und verdichten sich in den Kreuzungsbereichen. Punktuelle Spots lenken die Aufmerksamkeit dabei auf besondere Gegebenheiten, schaffen Identität und Atmosphäre. Reine Fußgängerzonen erhalten noch niedrigere Mastleuchten mit drei Metern Lichtpunkthöhe in großen Abständen. Von ihnen geht eine warme und ruhige Lichtstimmung aus.

Zudem betonen Lichtpunkte auf hohen Gebäuden markante, stadtteilspezifische Punkte. Sie ermöglichen Orientierung und Wiedererkennung aus weiter Ferne, unterstützen darüber hinaus die Identitätsbildung des Quartiers. Diesem Zweck dienen ebenso wechselnde Lichtinszenierungen an Verkehrsbauten wie Rampen oder Unterführungen. Das Licht erschließt hier neue Treffpunkte. Zum Beispiel eignet sich die Fassade gegenüber der Bahnstation für Projektionen, die der Fahrgast vom Bahnsteig aus gut sieht.

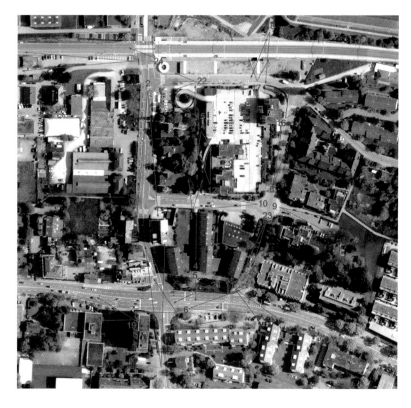

Luftaufnahme von Zürich-Affoltern
mit den Blickrichtungen der Fotos der
Bestandsaufnahme

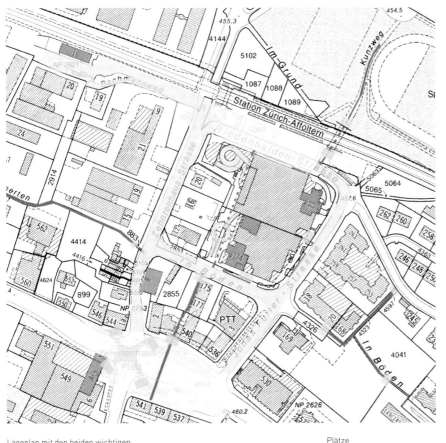

Lageplan mit den beiden wichtigen
»Plätzen« (bisher Freiflächen), die den
Stadtteil von der Bahn und der Haupt-
verkehrsstraße her erschließen

Plätze

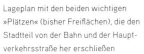 Straßen

 Wege

markante Punkte

Temporäre Lichtkunst

Eingänge

Der Bahnhof Zürich-Affoltern mit
den Photovoltaik-Lichthalmen bei Tag
und bei Nacht

Die Gegend um Affoltern lebt von großer Heterogenität. Verkehrsreiche und geschäftige Zonen wechseln hier mit romantischen Ecken ab. Auf diese urbane Vielfalt versucht der Entwurf mit einer Überraschung zu antworten. Die verwendeten Leuchten sind ihrer ursprünglichen Form nach nicht für den Gebrauch »an Land« gedacht. Gewöhnlich markieren sie Wasserstraßen. Der mit langlebigen LED bestückte Kopf dieser Leuchten wird über solar geladene Akkus betrieben. So verbrauchen sie keinen konventionell erzeugten Strom mehr, weder im Sommer noch im Winter. Dieses Merkmal und die damit verbundenen gestalterischen Qualitäten sind typisch für die Anlage und technologisch außerordentlich fortschrittlich.

Die Leuchten setzen sich aus einem konventionellen Mast und einen Fiberglasstab zusammen, an dessen Spitze in einer Lichtpunkthöhe von sieben Meter der Kopf der Leuchte befestigt ist. Die Leuchte empfiehlt sich damit als besonders vandalismussicher. Sie lässt sich schnell und kostengünstig aufbauen, da keine Stromzuführung mehr notwendig ist. Die Photovoltaik auf einem auskragenden »Blatt« am oberen Ende des Stahlmastes liefert die notwendige Energie in den (recycelbaren) Akku.

Gewöhnlich zeichnen sich Straßenleuchten durch ein starres Erscheinungsbild aus. Die Markierungslichter in Affoltern aber bewegen sich, wenn Wind weht, am Fiberglas. Sie schwanken wie Schilfrohre im Wasser, wo sie ursprünglich eingesetzt waren. Hier aber zitieren sie auf poetische Weise die ländliche Umgebung des Ortes. Die bruchsicheren Leuchten können sich in jede Richtung ungefähr einen Meter weit neigen; der Stab kann sich nicht weiter dehnen. Wir Europäer denken dabei an den Bambus und deswegen bezeichnen wir die Leuchten als »Lichthalme«. Sie sind im Grün der örtlichen Gräser lackiert und haben das schlanke und miniaturisierte Erscheinungsbild, das moderne Materialien so phantastisch hervorzaubern können – genauso, wie es sich für eine Überraschung gehört.

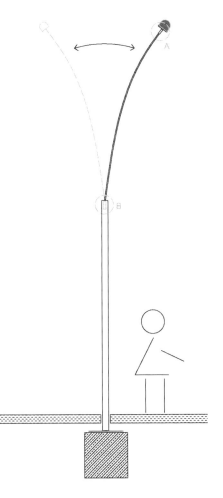

Lichthalme
Masthöhen: 7 m; 6,5 m; 6 m
Farbvarianten: rot und blau

- Neigung ca. 2 x 1 m

- Lichtpunkthöhe ca. 7m
- Leuchtenkopf LED
  Ø 18 cm, H 14 cm / 2,1 kg

- Fiberglasstab, Ø 20 mm,
  L 3,5 m, ermöglicht flexible Neigung, RAL lackiert

- 3,5 m

- Stahlmast, Ø 102 mm
  L 3,5 m, RAL lackiert

A   Befestigungselement
    Fiberglasstab-Flanschplatte

B   gesicherte Fixierung am Stan-
    dardmast

LED Farbvarianten

Blau   Rot   Grün   Amber

- Mastmontage über Flanschplatte
  nach Standard EWZ

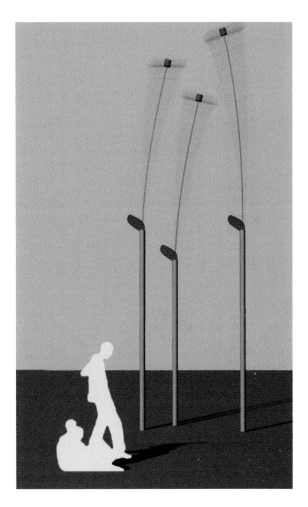

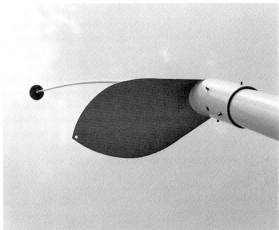

Für die Lichthalme sprach, dass sie dank
der auf dem »Blatt« angebrachten Pho-
tovoltaikfläche und der Akkus von elektrischen Leitungen unabhängig sind.

Der Lichtmasterplan von Lemgo ordnet
dem klar ablesbaren historischen Stadt-
grundriss Lichtcharakteristika zu.

Wall mit Grün:
niedriges Licht

Wichtige Achsen: hell,
großzügig

Plätze: individuell,
Raum bildendes Licht

Türme: akzentuierend,
hoch

Reize ins rechte Licht gerückt

Die Innenstadt Lemgos in Nordrhein-Westfalen prägt sein historisch-modernes Ambiente. Stein- und Fachwerkbauten aus Spätgotik und Renaissance wechseln hier mit Gebäuden einer vorbildlich modernen Architektur ab. Weiterhin bestimmen Straßenführung, Plätze und markante Bauten das Bild der ehemaligen Hansestadt. Ein Konzept, das sie als integratives und künstlerisch angelegtes Lichtobjekt gestaltet, erfordert folglich, dass damit die qualitativen Charakteristika der Innenstadt betont werden. Fünf Bereiche und Zonen sind hierfür besonders relevant:

– Die rechtwinklig zueinander laufenden Achsen der Fußgängerzone beziehungsweise die auf die Stadttore ausgerichteten Haupteinkaufsstraßen.
– Der in weiten Teilen erhaltene Wall, der die Innenstadt als Grünanlage umgibt.
– Die öffentlichen Plätze, von denen sich zwei fast im Kreuzungspunkt der Hauptachsen befinden.
– Die historischen Türme, die auch aus der Entfernung markante Orientierungshilfen darstellen.
– Die ehemaligen Stadttore, die wichtige Zugänge in das Innere der Stadt eröffnen.

Im Pilotprojekt am Waisenhausplatz spielt das Licht aus den Fassaden der öffentlichen Gebäude eine große Rolle.

Die rosa Fassade des Gesanghauses

Alle fünf Bereiche versieht ein Masterplan mit individuellen Lichtstimmungen und Atmosphären, die sich harmonisch in den Gesamtzusammenhang einfügen. In den Einkaufsbereichen etwa bestimmt niedriges, aus drei Metern Höhe nach unten gerichtetes Licht den allgemeinen Lichteindruck. Ein wichtiger Faktor sind dabei auch die in Abstimmung mit dem öffentlichen Licht beleuchteten Schaufenster. Dezentes Licht auf den umliegenden historischen Fassaden kehrt deren Feinheit und Detailreichtum heraus; von den Seitengassen einfallendes Licht markiert belebte Punkte entlang der Hauptachsen.

Aus noch niedrigerer Höhe als in den Einkaufszonen fällt das Licht in den Wallanlagen auf ausgesuchte Orte. Hier bleibt die Dunkelheit als qualitativ eigenständiger Raum bewahrt, während einzelne beleuchtete Objekte wie Bäume oder Pflanzengruppen die gefahrlose Durchquerung der Flächen garantieren. Darüber hinaus werden markante Bauten wie Türme und Stadttore betont und leicht erkennbar gemacht, aber nicht grell hervorgehoben, vielmehr dezent, einladend und als Orientierungspunkte ausgewogen beleuchtet.

Für das öffentliche Leben von zentraler Bedeutung sind die beiden großen öffentlichen Plätze Lemgos, der Marktplatz und der Waisenhausplatz. Ihrer zentralen Lage entspricht ihre belebte Nutzung. Öffentliche Verkehrsmittel fahren von hier aus in alle Richtungen. Vor allem der Marktplatz fällt durch seine gelungene ästhetische Gestaltung auf. Sie betrifft nicht nur das Neben- und Miteinander von historischer und moderner Architektur, die Ausgewogenheit von Alt und Neu, sondern auch die Wegebeziehungen sowie einzelne Bereiche und Gebäude in Beziehung zum Gesamtbild des Platzes. Ein Lichtkonzept versucht folglich, die bestehenden Außenräume in ihrer Komplexität hervorzuheben, anstatt sie als losgelöste Objekte zu isolieren.

Im Kleinen zeigt sich die Komplexität des Platzes an der Fassade des angrenzenden Rathauses, die aufgrund zeitlich versetzter Bauabschnitte unterschiedlich zum Baukörper ausfällt. Das Licht versucht behutsam, ihren Feinheiten nachzugehen. Aus der Nähe verläuft es weich an ihrer Oberfläche, hebt Qualitäten der Architektur dezent hervor anstatt sie platt anzustrahlen. Dabei leuchten einige kleine, ästhetisch reizvolle Fenster von innen, ermöglicht durch eine minimierte Sparbeleuchtung in den angrenzenden Räumen. Auf der anderen Seite des Rathaus antworten ihnen Fenster der gegenüberliegenden Bürgerhäuser mit ihren wie zufällig ein- und ausgehenden Wohnungsbeleuchtungen.

Auch ein weiteres öffentliches Gebäude, das Ballhaus, wird nur an den reizvollen, architektonischen Merkmalen seiner Fassade erhellt. Licht, das zufällig über die Fassade hinausstrahlt, wird ausgeblendet. Ebenso wird jegliches Funktionslicht weitestgehend reduziert, um das durch die erhellten Fassaden erzeugte Raumgefühl möglichst wenig zu beeinträchtigen. Unter anderem wird der Boden des Marktplatzes von Strahlern an verschieden hohen Masten von Lichtpunkt zu Lichtpunkt unterschiedlich akzentuiert. Eine Ausnahme davon bildet einzig ein Fontänenfeld in der Platzmitte, das an die Stelle eines ehemaligen historischen Brunnens getreten ist. Mit seinem Wechselspiel von Licht und Wasser verschafft es dem Marktplatz einen lebendigen Anziehungspunkt.

Über die Kramerstraße verläuft die Achse vom Marktplatz hin zum nahe gelegenen Waisenhausplatz. Das Lichtambiente ähnelt hier dem des Marktplatzes. Einzig die Funktionsbeleuchtung tritt noch mehr zugunsten der Fassaden- und Fensterbeleuchtung in den Hintergrund. Ein gezieltes Licht auf der rückwärtigen Seite des Ballhauses sowie die von innen leuchtenden Fenster einiger öffentlicher Gebäude verleihen dem Platz seine intime Atmosphäre. Darüber hinaus kennzeichnen den Waisenhausplatz zwei weitere Besonderheiten. Zum einen tritt der Marktplatz dank eines attraktiven Blicks auf die Kirchtürme in eine unmittelbare Beziehung. Zum anderen verwandeln sich die zentralen Bushaltestellen auf dem Waisenhausplatz während der Dämmerung in ein belebtes Lichterspiel. Ihre Dächer werden zu Lichtobjekten. Transparente Glasflächen, die sich wie zufällig und für das Auge angenehm leicht auf dem Platz verteilen, erscheinen wie immateriell leuchtende Flächen. Mit der Option auf eine farbliche Veränderung des in die Glasdächer eingespeisten Lichts sollte sparsam und behutsam umgegangen werden.

Lichtmusik

Das Gesicht einer Stadt ändert sich im Laufe eines Tages und der Nacht: Warme rötliche Herbstsonne lässt Fassaden fast glühen, klare Winterluft macht Gebäudeabfolgen plastischer als feucht-nebelige Luft, die Grauschattierungen modelliert. Des Nachts kehrt sich das Spiel um: Fenster leuchten nach außen, der öffentliche Raum verbreitet sich in die Häuser hinein, Leuchtwerbung konkurriert miteinander, Straßen- und Wegelicht gliedert und orientiert. Die abendliche und nächtliche Erscheinung einer Stadt trägt wesentlich dazu bei, dass Bewohner wie Besucher sich wohl fühlen und gerne ausgehen. Menschen machen die Stadt lebendig, nutzen ein Zentrum und identifizieren sich mit dem Ort, wenn die entsprechenden Kriterien erfüllt sind.

Der Masterplan Licht hatte zum Ziel, die Qualitäten der Innenstadt von Bremen ins Licht zu rücken, Schwerpunkte zu setzen, zu gliedern, um dadurch die Orientierung zu erleichtern, Abwechslung und Ordnung zu schaffen und damit eine angenehme und brementypische Atmosphäre zu erzeugen.

Das vorgestellte Konzept warf einen ganzheitlichen Blick auf die Lichtgestaltung der Innenstadt Bremens. Bei der Ausführung der vorgestellten Prinzipien waren gemeinsam mit den verschiedenen Beteiligten gezielte Abstimmungen wichtig und nötig. Dabei behielt das Konzept seine Aussage und Wirkung auch dann noch, wenn einzelne Aspekte der vorgeschlagenen Planung nicht durchgeführt werden konnten (z. B. Fensterbeleuchtung von innen). In erster Linie sollten jedoch die Prinzipien des Masterplanes, soweit möglich, verfolgt werden.

Blickachsen

Ein Rundgang durch die Bremer Innenstadt eröffnet dem Besucher ein vielfältiges Bild wunderschöner historischer Gebäude. Das Lichtkonzept baut auf dieser großen Dichte von bedeutenden Fassaden auf und führt durch Ausleuchtung bestimmter Blickpunkte von einer Sehenswürdigkeit zur nächsten. Einerseits wird dies durch die großflächige Beleuchtung von interessanten Giebeln und Fassaden erreicht, andererseits auch durch die kleinteiligere Ausleuchtung der zentralen Gebäude wie Liebfrauenkirche, Dom, und Rathaus. Das Licht lenkt den Besucher durch die Straßen auch auf die kleineren intimeren Plätze, etwa um die Liebfrauenkirche, und verstärkt so den einzigartigen Reiz der Bremer Innenstadt.

Jede Straße und jeder Platz öffnet sich durch die Lichtgestaltung zu den anliegenden Plätzen und Straßen und die Innenstadt wird als Einheit erlebt.

Straßen

Die Straßen der Bremer Innenstadt unterteilen sich in drei Kategorien: Fußgängerbereiche, Straßen für Fußgänger mit Lieferverkehr und Straßen für hauptsächlichen Kraftfahrzeugverkehr. Diese Bereiche haben unterschiedliche Schwerpunkte und werden entsprechend behandelt.

Mastleuchten mit einer Lichtpunkthöhe von vier Metern erhellen die Fußgängerbereiche wie die Stintbrücke, sowie die große und kleine Waagstrasse. Diese Höhe des Lichtes schafft eine angenehme und überschaubare Atmosphä-

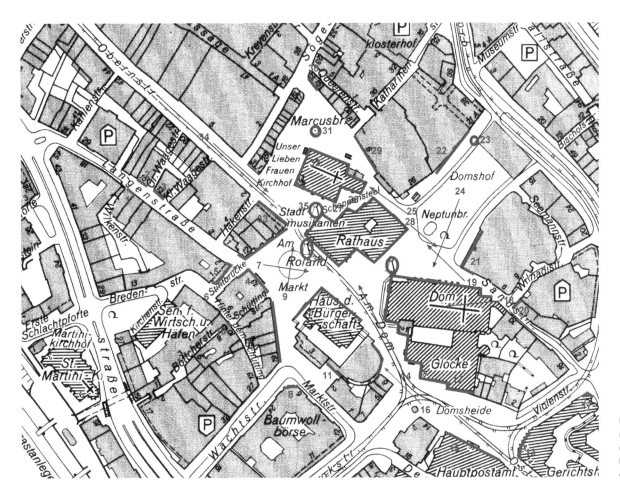

Der Lageplan der Innenstadt Bremens. Er zeigt alle Fassaden, die durch Licht raumbildend als Platzkanten wirken oder den Charakter eines Straßenzuges prägen.

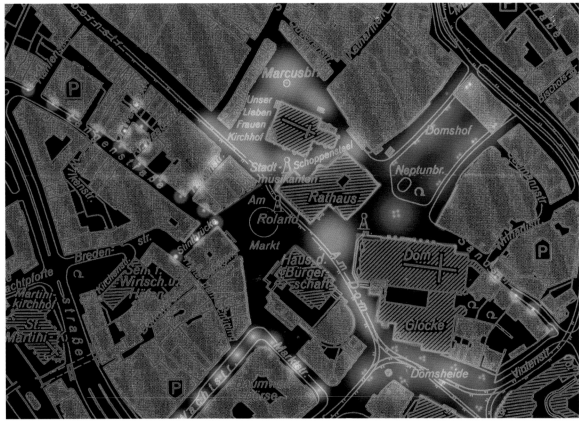

Bremen ist die erste Stadt, die konsequent die Integration von »funktioneller« und »gestalterischer« Beleuchtung plante. Dadurch stören sich die Lichteffekte nicht gegenseitig und die Kosten können niedrig gehalten werden.

re in der Straße – gut sichtbare Lichtquellen lassen den Fußgänger durch die regelmäßige Anordnung der Masten Entfernungen gut einschätzen.

Die Hakenstraße erhält Überspannungen auf einer Höhe von acht Metern, da dies der Nutzung der Straße besser entspricht. Mastleuchten auf einer Straßenseite beleuchten die gemischten Bereiche wie Langenstraße, Sandstraße und Museumstraße. Dazu werden wichtige und architektonisch interessante Gebäude zusätzlich flächig angestrahlt. Der Straßenraum weitet sich dadurch nach oben hin auf und bietet verschiedene neue Blickfänge für den Passanten. Die Bereiche der Marktstraße und Wachtstraße erhalten aufgrund Ihrer hauptsächlichen Nutzung durch Kraftfahrzeuge Überspannungen auf acht Metern Höhe. Diese Punkte zeichnen die Straßenführung nach und erleichtern so die Orientierung. Auch hier hebt das Licht verschiedene wichtige und architektonisch relevante Gebäude besonders hervor und schafft ein interessantes Stadtbild.

Plätze

Die Bremer Innenstadt weist zwei Platzkategorien auf, zum einen großräumige Plätze mit Kraftfahrzeugverkehr und zum anderen kleinteilige Plätze, die als reine Fußgängerbereiche dienen. Hohe Masten mit Lichtpunkten auf 9,5 Metern erhellen mit direktem Licht die großräumigen Plätze wie den Domshof, Domsheide und Am Dom. Strahler, die an diesen Masten montiert sind, werfen Licht auf verschiedene Fassaden und Objekte auf den Plätzen. Im Gegensatz zu den Straßen mit niedrigen Lichtpunkten erhielten die Plätze durch diese hohe Beleuchtung einen großzügigen Charakter. Der Raum erscheint weit.

Oben an den Fassaden angebrachte Platzstrahler bringen Licht auf die kleinteiligeren Plätze um das Rathaus und die Liebfrauenkirche herum. Diese Lichtquellen sind aufgrund ihrer Höhe für den Fußgänger nicht im unmittelbaren Blickfeld, nur die Lichtkegel erhellen gleichmäßig die Platzflächen. Um den Übergang von der sehr hellen Straßenbeleuchtung der Obernstraße in die engeren Plätze und Straßen zu schaffen, passt sich die Beleuchtungsstärke in verschiedenen Abschnitten an. Die flächige Ausleuchtung und die fassadennahe, akzentuierende Beleuchtung der Fassaden des Rathauses und der Liebfrauenkirche rücken somit in den gewünschten Vordergrund. Punktuelle Strahler setzen den Markusbrunnen und die Bremer Stadtmusikanten in ein weiches Licht.

Fassaden

Die Fassaden der Gebäude tragen als vertikale Flächen wesentlich zur Raumwirkung von Plätzen und Straßen bei. Dabei ergänzen sich in Bremens Innenstadt zwei Lichtprinzipien:

Die großflächige, ruhige Anstrahlung aus der Entfernung eines Lichtmasten oder gegenüberliegenden Hauses und die kleinteiligere, akzentuierte Beleuchtung von Simsen und Vorsprüngen der Fassade selbst. In ihrer Kombination schaffen diese beiden Prinzipien einen großzügigen, gleichzeitig plastischen und gegliederten Eindruck der Fassaden.

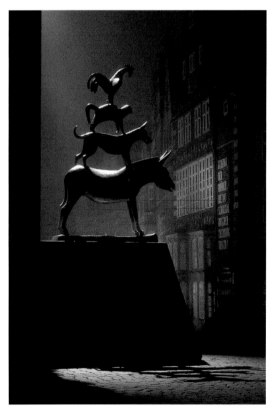

Die Bremer Stadtmusikanten seitlich vom Rathaus, am Eingang zum kleinen Bereich »Schoppensteel«, der eher dunkel gehalten ist.

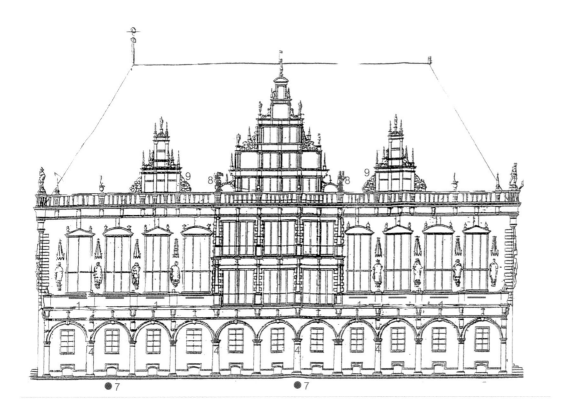

— Langfeldleuchte

● Deckenfluter

● Strahler

▲ Strahler DWP 604

○ Strahler SNF 100

Die Fassade des Bremer Rathauses
zum Markt hin mit Leuchten und
Leuchtenpositionen

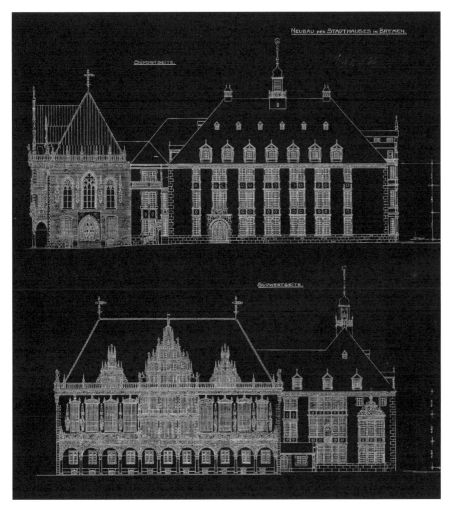

Weitere Fassaden des Bremer Rathauses

Das Rathaus mit und ohne hinterleuch-
teten Fenstern (letzteres so, wie es der
Masterplan vorsah)

Fassade des Rathauses Bremen: Auf dem Dach, den Balkonen und unter den Arkaden fanden sich Montageorte für Leuchten, vor dem Mittelrisalit nicht. Hier kommt das Licht von Mastleuchten auf dem Platz.

Rathaus

Das Rathaus, in der Mitte der Innenstadt gelegen, zeigt seine Fassaden in alle Richtungen. Zum Markt hin, aus mittlerer Entfernung betrachtet, gibt es eine flächige Anstrahlung: das fassadennahe Licht auf Ornamente und Figuren, das Licht auf die Giebel und das im Arkadenbereich. Das Dach gehört zu den »kupfergrünen« Dächern und erscheint daher hell. Die erleuchteten Fenster lassen das Rathaus lebendig wirken. In Richtung Obernstraße erscheinen identische Prinzipien, gerade das Licht des Giebels ist auf die Fernwirkung ausgelegt: eine große Helligkeit reagiert auf die relativ helle Einkaufsstraße. Zum Schoppensteel passt sich das Licht der Kleinteiligkeit des Raumes an, es ist zurückhaltender, macht aus dem derzeit düsteren Bereich einen anheimelnden Ort. Gerichtetes Licht hebt das Treppenhaustürmchen und die Bremer Stadtmusikanten besonders hervor, sie prägen diese Seite des Rathauses. Die leuchtenden Fenster und das angestrahlte Dach dienen wieder der Fernwirkung vom Domhof her. Die Seite zum Domhof sowie die Rückseite des Rathauses zeigen wiederum die Prinzipien der anderen Gebäudefassaden auf. Erhellte Fenster sowie die Hervorhebung verschiedener Figuren (z. B. Windsbraut) strukturieren die Fassade und setzen sie in Szene. Eine flächige Anstrahlung sowie die Beleuchtung der Giebel unterstreichen auch hier die Fernwirkung.

Die Glocke

Die strenge Giebelfassade mit den Eingangsbögen steht im Mittelpunkt des Lichtkonzeptes. Ein sanftes großflächiges Licht unterstützt die in die vertikalen Richtungen des Giebels zeigende fassadennahe Beleuchtung. Kleine Strahler markieren bereits die Eingänge, die Fenster leuchten von innen heraus. Die Dächer erhalten ein großflächiges verlaufendes Licht aus ihren Traufhöhen und den Treppengiebelrückseiten.

Liebfrauenkirche

Die Liebfrauenkirche unterscheidet sich insofern von den anderen großen Bauten, als sie weniger Fensteranteil (gerade an der Eingangsseite) hat und aus recht großflächigen Steinen gebaut ist. Sie wirkt massiver, auf die Mauerfläche fällt Licht aus Strahlern, die an einem Mast zwischen den Bäumen sitzen. Die vorhandene Abspannung entfällt. Die Rosette strahlt ebenso wie die seitlichen Fenster von innen. Das Ziegeldach erhält keine Anstrahlung, es reflektiert nur sehr zurückhaltend das vorhandene Streulicht. Nur das grüne Turmdach wirkt im Licht als Markierung der Kirche. Die Giebel und zurückgesetzten Fenster erhalten Licht durch Langfeldleuchten und geben der Fassade dadurch Tiefe.

Dom

Der Dom als Kirche mit viel Kupferdachfläche und den beiden weithin sichtbaren Türmen prägt die Innenstadt aus vielen Blickrichtungen. Die Dächer erhalten Licht. Am Dom zeigen sich die Fensterhinterleuchtungen und die Fassadenanstrahlung wieder in eigenem Charakter. Das Eingangsportal erhält direktes Licht, um die Vergoldung über den Türen zum Glänzen zu bringen. Strahler von Masten am Domhof beleuchten das Denkmal sowie den Seiteneingang des Domes. Die flächige Ausleuchtung der Vorderseite des Domes unterstreicht die Mächtigkeit des Domes und lässt ihn weithin sichtbar werden.

Großflächige Projektionen auf Fassadenflächen: Großprojektoren (z. B. Pani) benutzen die Fassaden der Gebäude als Leinwand, um darauf Motive aller Art zu projizieren. Durch die Projektionen verwandeln sich die Gebäude optisch in völlig neue Gebilde. Die Projektoren können temporär an gegenüberliegenden Gebäuden oder an Masten befestigt werden.

Farbige Anstrahlung von Fassaden: Die farbige Anstrahlung von Gebäuden verändert den Eindruck und die Wirkung einer Fassade völlig. Farbige Architekturscheinwerfer können temporär an gegenüberliegenden Gebäuden, Masten oder am zu beleuchtenden Gebäude selbst befestigt werden. Zusätzlich besteht die Möglichkeit, bereits vorhandene Beleuchtungssysteme (z. B. fest installierte Flächenstrahler) durch Einsetzen von Glas- oder Folienfarbfiltern temporär miteinzubeziehen.

Lasershow

Eine Lasershow ist ein Event zu einem speziellen Anlaß. Plätze und Straßen können durch Laserlicht inszeniert werden. Die Laser können temporär an Gebäuden und Masten installiert werden.

Moving lights: Bewegliche »intelligente« Scheinwerfer, sogenannte »moving lights«, eröffnen viele Möglichkeiten der Gestaltung. Die Scheinwerfer können sowohl als bewegliche Farbstrahler dienen, sowie auch Motive (Gobos) auf Fassaden und Bodenflächen projizieren. Diese Systeme können an Gebäuden und Masten angebracht werden.

3　()　Fensterhinterleuchtung

4　●　Eingangsbeleuchtung (Bestand)

5　○　Schriftzugbetonung mit Spotlight

6　▼　Reliefbetonung mit Spotlight

7　▮　Gobostrahler an Mast (Nachzeichnung des Giebels)

Leuchtenpositionen für eine weitere wichtige Fassade der Bremer Innenstadt: die Glocke

Feine Lichtführung für besonderes Flair

Die Topografie der Stadt Luxemburg ist sehr beeindruckend: steile Felswände, von Festungsmauern überhöht, tief eingeschnittene Flusstäler, Serpentinenstraßen und gigantische Brücken, der Blick über das Tal auf die gegenüberliegende Bergkante oder der Blick auf die Dächer der 70 Meter tiefer liegenden Ortsteile – all das besitzt einen pittoresken Charme.

Die historisch gewachsene Stadt mit Sitz wichtiger europäischer Institutionen ist offen für Bürger und Gäste. Sie bietet mit ihrem Zusammenspiel von Straßen und Plätzen ein besonderes Luxemburger Flair und eine hohe Lebensqualität. Diese Eigenschaften zu stärken, ist Ziel des Masterplans Licht.

Von Sonnenschein und Wärme verwöhnt, können die Luxemburger ihren öffentlichen Raum intensiv nutzen: Restaurants und Cafés beleben die Plätze, die Parks laden nicht nur zum Spazierengehen ein, sondern auch zum Sitzen, Spielen und Picknicken.

Erste Ideen zum Masterplan Licht
der Stadt Luxemburg

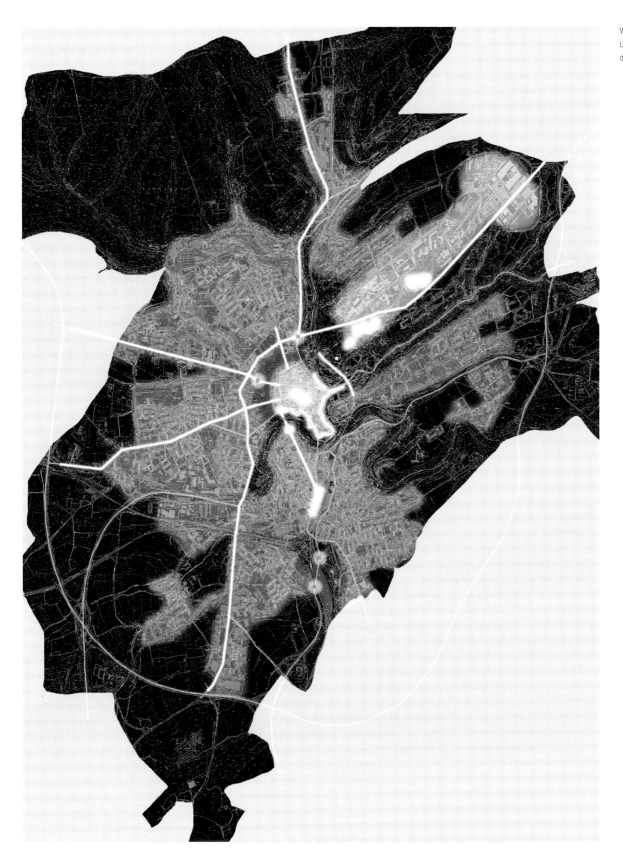

Flusstäler

Die Täler von Alzette und Petruss bekommen weniger Sonne, hier ist das Schattenspiel der Felsen spannend, sowohl im großen als auch im kleinen Maßstab. Hierauf in einer nächtlichen Beleuchtung Bezug zu nehmen, also nur die von der Sonne getroffenen Stellen ins Licht zu setzen, ist ein erstes Element des Masterplans: Die konkrete Idee formuliert dabei ein »Nachleuchten« in Form eines Netzes von Elementen, die nachts dort leuchten, wo tags die Sonne scheint. Dabei würden diejenigen Partien, die tags weniger Licht erhalten, nur wenige Stunden leuchten, wodurch ein feiner Abdruck, eine elegante Spur des Tageslichts und Tagesverlaufs entstünde. Diese Lichtart könnte sich mit einer differenzierten, eher konventionellen, aber sensiblen Anstrahlung überlagern. Denn eine feine, einfühlsame – nicht klotzige, laute, schrille – Lichtführung würde am besten zu Luxemburg passen.

Zentren

Die Stadt wird geprägt durch verschiedene Zentren, die bis spät in die Nacht belebt sind, und ruhigeren Bereichen dazwischen. Diesen Reiz zu stärken, den Wechsel von hell zu etwas dunkler, von belebten Vierteln und Plätzen und ruhigeren Stadtteilen wäre spannungsvoll. Dabei sollten die Lichtfarben aufeinander abgestimmt sein.

Brücken

Die Brücken verbinden die einzelnen bebauten Plateaus miteinander und überwinden die Schluchten. Während die Brückenköpfe wie ein diskretes Lichttor oder ein Lichtdurchgang wirken sollten, wären die Brücken selbst in ein weiches, großflächiges Licht getaucht, das ihrer Frequentierung entsprechend verschiedene Helligkeitsstufen aufwiese.

Straßen und Plätze

Das funktionale Licht der Straßenbeleuchtung und die Anstrahlung von Fassaden und Objekten gehören untrennbar zusammen. Sie dürfen sich somit nicht stören, sondern sollen sich gegenseitig unterstützen. Das Straßenlicht ist dabei präzise dorthin gerichtet, wo es notwendig ist, Masten und Ausleger können Strahler für das Fassadenlicht aufnehmen. Um nun diese Einheit zu bewirken – eigentlich wird es im Laufe der Zeit eine Integration – sollte auch das Straßenlicht eine warmweiße Lichtfarbe haben und eine bessere Farbwiedergabe als Natriumdampflampen aufweisen.

Die großen Achsen, der Boulevard de la Liberté und die Neue Avenue, sind kaum bewohnt, daher eher Durchgangsstraßen. Der Boulevard de la Liberté wäre vom Auto aus eindrucksvoll wahrzunehmen, wenn die Straßenlaternen nicht wie bisher als zwei helle Reihen von Lichtpunkten den Blick auf den Zentralpunkt Bahnhof und die umliegenden Fassaden verhindern würden. Die Straßenbeleuchtung sollte deshalb anders montiert und ausgerichtet werden. Der Masterplan Licht würde seine Besonderheit hier in einem durchgängigen Fassaden- und Dachlicht der angrenzenden Bebauung zeigen.

Parks

Luxemburg ist eine grüne Stadt. Überall gibt es üppige Vegetation und große alte Baumkronen, die an manchen Stellen sogar schöne Blickpunkte versperren. Stadtpark und Petruss-Tal liegen zentral. Sie sind tags ein beliebtes Ziel; durch den Einbezug des Stadtparks ins nächtliche Lichtkonzept böte er Raum für kleine Veranstaltungen und Cafés. Für ein angenehmes Raum- und Sicherheitsgefühl sollten dabei nicht nur die Wege, sondern auch die Parkkanten und Bepflanzungen ausgeleuchtet werden. Dies würde zudem für einen aufgehellten Hintergrund für beleuchtete Fixpunkte wie Denkmäler und Gebäude sorgen. Grundsätzlich ist in den Parks eine frische Lichtfarbe und gute Farbwiedergabe besonders wichtig.

Ressourcenschutz und Betrieb

Der Masterplan Licht ist dem Umwelt- und Ressourcenschutz verpflichtet. Dies kann erreicht werden, indem sparsame Leuchtmittel gezielt eingesetzt werden, Licht präzise dahin gerichtet wird, wo es geplant ist und zufälliges, störendes Streulicht, das blenden könnte und geplante Lichtwirkungen stört, ausschaltet. Der entwickelte Masterplan ist offen für neue technische Entwicklungen. Er ermöglicht der Stadt ein »Test-Procedere« für Pilotprojekte, so dass in kleinem Rahmen Erfahrungen entstehen, um schnell sparsamere und qualitativ hochwertigere Technik einsetzen zu können. Steuerungen, die nach Bedarf Licht zu- und abschalten, würden ebenfalls die Betriebskosten senken und könnten die Überwachung der Beleuchtungsanlage sehr vereinfachen.

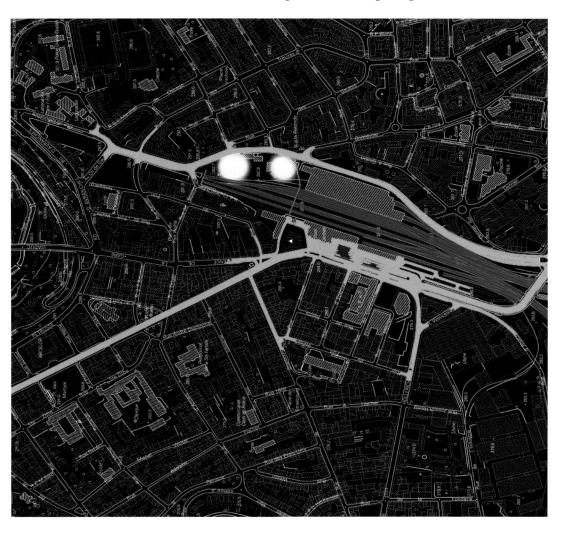

Ausschnitt aus dem Entwurf des Masterplans Licht für den Bahnhofsbereich von Luxemburg

Eine Leuchtenfamilie für vielfältige Lichtthemen

Sonnenuntergänge besitzen ihren eigenen und individuellen Charme. Je nachdem, wo sich ihr Publikum aufhält, erlebt es das abendliche Spektakel in unterschiedlichster Darbietung. In der Hamburger HafenCity sind es die weit gestreckte Kulisse des Hafens, die vorbeifahrenden Schiffe, das Wasser, die historischen und neuen Gebäude, die das Schauspiel zu einem sehr schönen Erlebnis machen. Je mehr der Tag in das Dunkel der Nacht eintaucht, umso stärker erstrahlt die orange, aus tausenden von Lichtern gespeiste Lichtglocke des zweitgrößten europäischen Hafens.

Die umfangreiche Lichtplanung der wachsenden HafenCity berücksichtigt und betont die vorhandene Lichtsituation. Als Teil des Gesamthafens bezieht sie diesen mit ein und unterstreicht gleichzeitig ihren eigenen Charakter. Das vom übrigen Hafen markant getrennte Quartier fasst die Lichtplanung damit als eigenständigen Teil eines Ganzen auf.

Im Unterschied zum Freihafen und seiner hektischen 24-Stunden-Schiffsverkehr-Betriebsamkeit, zeichnet die HafenCity typische Stadtmerkmale aus. Quartierstraßen und Hauptverkehrsachsen, Kreuzungen und Plätze beleben die künftig verstärkt bewohnte HafenCity. Dazu zählen im Besonderen auch moderne und reizvolle Orte, die weniger der Arbeit, vielmehr der Erholung und Freizeit dienen: Uferpromenaden, Landspitzen, Hafenbecken, Sporthäfen, Brücken und Anlegestege. Sie alle verlangen nach individueller Lichtplanung, unterliegen jedoch wirtschaftlichen Erfordernissen, insbesondere den betrieblichen Aspekten der Wartung.

Entscheidend für die Lichtplanung der HafenCity sind weniger das Leuchtendesign, vielmehr die Lichtatmosphäre und die unterschiedlichen Lichtsituationen des jeweiligen Ortes. Öffentliche Beleuchtung und »gestalterisches Licht«, etwa im Falle von Anstrahlungen oder bei Objektlicht, resultieren aus einem gemeinsamen Ausgangspunkt und Anliegen.

Die Lichtfarbe nimmt ein generelles Motiv des Hamburger Stadtlichts auf: zum einen das warmweiße Licht im Gegensatz zur gelben, in vielen Städten gebräuchlichen Natriumdampflampe. Zum anderen die zahlreichen Wasser der Stadt, die sich kontrastreich als »dunkle Orte« anbieten, wenngleich Reflexionen und Glitzern auf seinen stillen und bewegten Oberflächen für ein abwechslungsreiches Eigenlicht sorgen.

In funktionaler Hinsicht gliedert sich die HafenCity in folgende sieben Bereiche, die alle ihre individuelle Lichtplanung erfordern. Gestalterische Qualitäten wie Lichtfarbe und Helligkeit, Brillanz und Weichheit, werden zusammen mit den örtlichen Anforderungen – unter anderem Beleuchtungsstärken und Leuchtendichten – auf jeden einzelnen dieser Funktionsbereiche angewandt. Größe und Umfang dieser Kriterien resultieren in einer Leuchtentypologie. Sie eröffnet den Gestaltungsraum für die Form der Leuchtenköpfe, ihre Anbringung an den Mast und dessen Gestaltung. So entsteht eine für die HafenCity typische Leuchtenfamilie, mit individuellen Merkmalen, aber mit gleichzeitig optimierter Anpassungsfähigkeit an die vielfältigen Umgebungen der HafenCity.

Quartierstrassen: Dem abgeschlossenen, von Intimität bestimmten Charakter der Quartiere entspricht die Anbringung der Lichter in niedriger Höhe.

Modell der HafenCity Hamburg

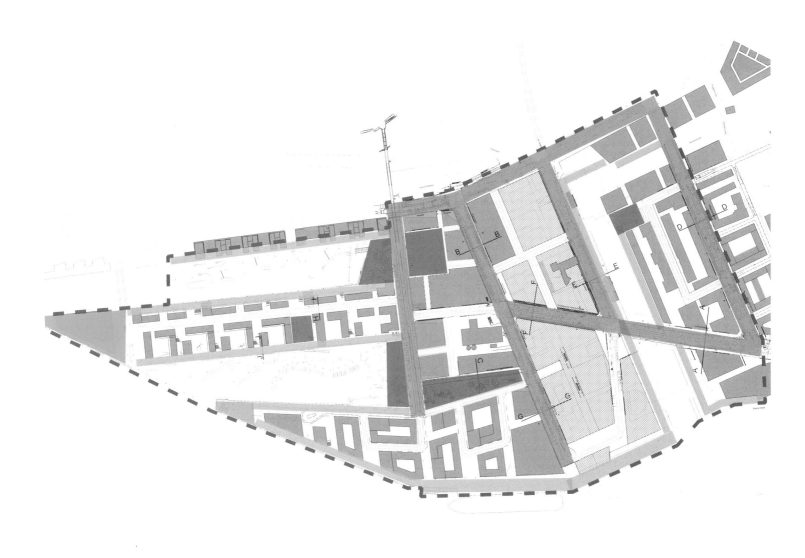

Hauptstraßen
Lichtfarbe warmweiß
Lichtpunkthöhe 8 m
Lichtpunktabstände 30 m

Quartierstraßen
Lichtfarbe warmweiß (TC 26, TC-H, TC-T)
Lichtpunkthöhe 5 m
Lichtpunktabstände 30 m

Uferzone
Lichtfarbe warmweiß (TC 26, TC-H, TC-T)
Lichtpunkthöhe 5 m
Lichtpunktabstände 20–30 m

Plätze
Lichtfarbe warmweiß (TC 26, TC-H, TC-T)
Lichtpunkthöhe 5 m
Lichtpunktabstände nach Bedarf

Kreuzungen
Lichtfarbe warmweiß
Lichtpunkthöhe 8 m
Lichtpunktabstände nach Bedarf

Landspitzen und markante, baulich akzentuierte Hochpunkte

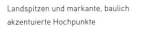

Grenze Masterplan Licht westliche Hafencity

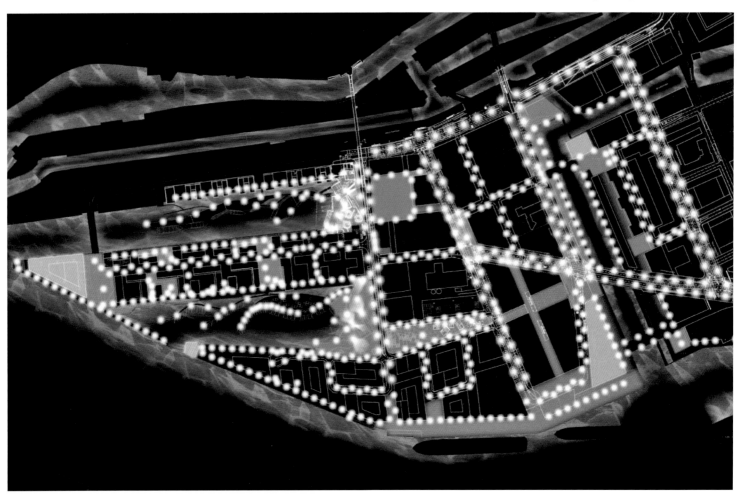

Aus etwa fünf Meter Höhe strahlen warmweißes Licht spendende Leuchten, assoziieren ein wohnliches Ambiente und heben sich damit von der eher kühlen Beleuchtung der Haupterschließungsstraßen ab.

Haupterschließungsstraßen mit Radwegen: Etliche Stahlbrücken mit parabelförmigem Tragwerk sind typisch für die HafenCity. Sie führen über das Wasser oder über Straßen. Dieses Motiv eines »anschwellenden Berges« nehmen auch die Leuchten entlang der Haupterschließungsstraße wieder auf. Ihre Lichtpunkthöhen liegen dabei auf fünf oder zehn Meter. Wie die Leuchten in den Quartierstraßen stehen auch sie im Abstand von 30 Metern. Ihre Farben halten sich im neutralen Bereich, um weder mit der Architektur, noch mit den beeindruckenden Ausblicken auf das Wasser zu konkurrieren.

Plätze: Einen willkommenen Anlass, verschiedene Lichtthemen zu intonieren, bieten die Plätze der HafenCity. Wo etwa der Raumeindruck vorherrschend von den vertikalen Fassaden der umliegenden Häuser erzeugt wird (zum Beispiel am Magdeburger Hafen), wird die Betonung der Senkrechten auch während der Nacht fortgesetzt. Dies gelingt entweder mittels transparenter, »selbst« leuchtender Fassaden oder über die direkte Anstrahlung massiver Fassaden.

Mast Lichtpunkthöhe 5 m

Mast Lichtpunkthöhe 8 m

Multifunktionsmast Lichtpunkthöhe 10 m

Lichtobjekte

Platzausleuchtung

Fassadenlicht

Licht für besondere Gebäude

Darüber hinaus erscheinen einzelne Elemente auf den Plätzen in einem akzentuierten Licht. So werden die Sitzbänke im Sandtorhafen mittels Licht hervorgehoben. Andernorts leuchten die Dinge selbst, wie etwa eine Lichtschlange im Sandtorhafen. Um die Einheit des jeweiligen Platzes zu wahren, wurde auf eine Reihung von Masten verzichtet. Zu häufig zerteilt die Reihung den Ort oder gliedert ihn in unerwünschte Sektionen auf. Stattdessen sind es einzelne, zehn Meter hohe Masten, die es ermöglichen, Leuchten in unterschiedlicher Höhe anzubringen. Damit ist genügend Spielraum vorhanden, um etwa bei Veranstaltungen oder zu anderen Gelegenheiten wechselnde Lichtsituationen zu erzeugen.

Kreuzungsbereiche: Kreuzen sich zwei Hauptverkehrsachsen, so werden an ihrem Knotenpunkt zehn Meter hohe Lichtpunkte gesetzt. Diese Höhe ermöglicht die großflächige Ausstrahlung des Straßenbereichs von einem einzigen Mast aus. Die Lichtfarben dieser Kreuzungslichter in neutral- oder warmweiß korrespondieren dabei mit denen der Straßenleuchten.

Kaizonen und Uferkanten: Zahlreiche Kaizonen und Uferkanten prägen die HafenCity. Sie bilden ihr horizontales Profil, betonen ihren Grenzverlauf und ihre Kontur. Die Lichtpunkthöhe reduziert sich entlang dieser Linie auf fünf Meter. Zwischenhöhen erreichen Mastleuchten vor den seitlichen Begrenzungsmauern. Das von hinten strahlende und auf den Boden gerichtete Licht ermöglicht dabei einen freien Ausblick. Die Elbe oder die Ansicht verschiedener Hafenbecken sind damit, vom Licht ungehindert, möglich.

Brücken: Die meisten Brücken in der Hamburger Innenstadt sind mit niedrigen Kandelaberleuchten bestückt. Ihre Fortsetzung finden sie jetzt in der an sie angrenzenden und neu wachsenden HafenCity. Auch hier wird dieser niedrige Leuchtentypus in circa fünf Metern Lichthöhe aufgenommen. Ihre Köpfe können dabei als Objekte gestaltet werden.

Landspitzen und markante akzentuierte Hochpunkte: Auffällige und weniger auffällige, hohe und niedrige Gebäude markieren die Landspitzen der HafenCity. Dieser Heterogenität folgt auch ihre Beleuchtung in unterschiedlichen Intensitäten. Dort, wo Hamburgs künftiges Wahrzeichen, die Elbphilharmonie auf dem Kaispeicher, errichtet wird, ist der weithin und von weitem gut sichtbare Lichtakzent Gebot. Demgegenüber bietet sich die Landspitze am Strandkai für eine andere, diskretere Beleuchtung an. Die Spitze könnte aus der Fläche heraus leuchten. Weithin sichtbar und mir ihrer leuchtenden Fassade als Lichtobjekt konzipiertes Zeichen für Hamburg, befindet sich die Elbphilharmonie an der Landspitze des Dallmannkais.

Magellanterrassen einschließlich
der Platz- und Bankbeleuchtung

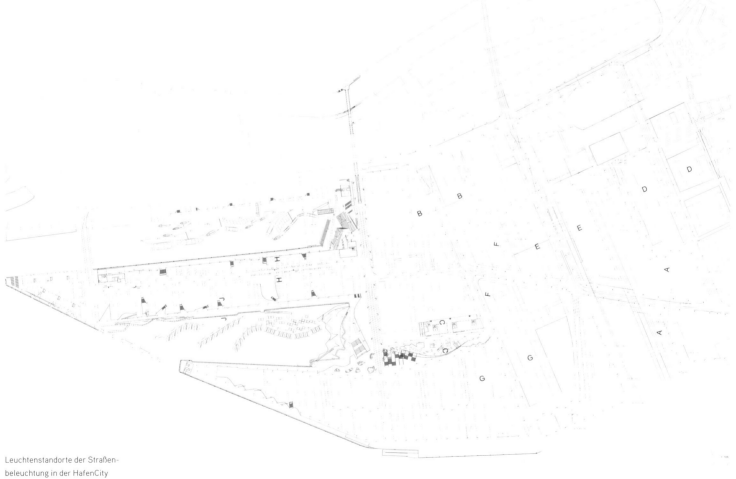

Leuchtenstandorte der Straßenbeleuchtung in der HafenCity

Die Magellanterrassen kurz nach der
Fertigstellung. Niedrige Lichtpunkte an
den Sitzbänken (leider sind nur einige
realisiert) schaffen Lichtinseln unter den
großen Multifunktionsmasten.

4

Entwicklung

Als wir vor einiger Zeit über die Bedeutung von Licht und Schatten nachdachten, assoziierten wir nach einer Weile unsere Träume, um uns vorzustellen, wie die vielen Schatten unserer Umgebung in die Wahrnehmung gelangen. Träume sind Schatten ähnlich. Sie bleiben flüchtig und sind nicht greifbar, manchmal intensiv erlebt, manchmal en passant.[1] Genauso empfinden wir Licht, dessen dunkler Bruder der Schatten ist.[2]

Neben dem Lichtschimmer der fernen Gestirne gehört das nahe Feuer zur Urvorstellung des Lichtes in der menschlichen Empfindung. Der französische Philosoph Gaston Bachelard hat, nach einer »Psychoanalyse des Feuers«, der »Flamme einer Kerze« ein wundervolles Buch gewidmet.[3] Diese Flamme gehört für ihn zu der imaginierendsten Quelle für Träumereien überhaupt. Unsere Aufmerksamkeit für Licht und Schatten wird durch sie am besten gefördert. Die Details der Flamme über eine Zeitlang zu beobachten, zu meditieren, ist lebendig und verführerisch. Dabei ist die Nähe zur Lichtquelle der eigentliche Reiz. Von Menschen entfachtes Licht hatte aber schon immer seine auch spektakulären Seiten. Feuerwerke, Ehrenpforten und Festumzüge waren die allerdings seltenen Höhepunkte höfischen, viel seltener des öffentlichen Lebens. Denn diese Inszenierungen waren teuer, aufwendig und naturgemäß von kurzer Dauer. Sie gehören zu den historischen Wurzeln der heutigen »Eventkultur« und bestanden aus vielen, manchmal tausenden »Einzellichtern«, Kerzen mit kurzer Lebensdauer.

Den eigentlichen gesellschaftlichen Fortschritt in der Geschichte der »künstlichen Helligkeit« schuf die Einführung der lange noch nicht dauerhaften Straßenbeleuchtung in größerem Umfang vor nun mehr als 200 Jahren.[4] Sie war sicher noch schwach, soweit sich das rekonstruieren lässt, und abhängig von der technischen Entwicklung der Lampen und Leuchten einerseits und der Ausweitung der Leitungsnetze andererseits. Zunächst in London etablierte sich zu Anfang des 19. Jahrhunderts eine nennenswerte erste öffentliche Beleuchtung mit Gaslicht, Deutschland und Frankreich folgten erst rund 50 Jahre später. Die Industrialisierung des Lichtes hatte begonnen und ihre neuen Eigenschaften lassen sich schnell benennen: Licht bekam auch die Dimension von Entfernungen.[5] Aufgrund seiner Helligkeit war das Gaslicht nicht mehr intim wie Kerzen, Argand- oder Petroleumlampen, sondern vermochte große Distanzen zu überbrücken. Sein Brennstoff kam aus einem fernen Gaswerk über ein Netz,

1 Ulrike Brandi, Christoph Geissmar-Brandi: Ein Spaziergang durch Schatten, in: Deutsches Architektur Museum (Hrsg.): Das Geheimnis des Schattens. Licht und Schatten in der Architektur, Tübingen, Berlin, 2002, S. 10 ff.

2 Ingeborg Flagge: Der dunkle Bruder des Lichts, in: Deutsches Architektur Museum (Hrsg.): Das Geheimnis des Schattens. Licht und Schatten in der Architektur, Tübingen, Berlin, 2002, S. 64 ff.

3 Gaston Bachelard: Psychoanalyse des Feuers, München, Wien, 1985; Gaston Bachelard: Die Flamme einer Kerze, München, Wien 1988

4 Vgl. Wolfgang Schivelbusch: Lichtblicke. Zur Geschichte der künstlichen Helligkeit im 19. Jahrhundert, München, Wien 1983, S. 83 ff.

5 Vgl. Schivelbusch: Lichtblicke, S. 48

mittels des Gashahnes ließ sich das neue Licht über jede Entfernung schalten. Damit war das noch heute gültige Prinzip öffentlicher Beleuchtung über eine zentrale Versorgung geschaffen. Dieser Struktur folgte auch das elektrische Licht, das in den achtziger Jahren des 19. Jahrhunderts zunächst auf den großen Straßen und Plätzen damit begann, das Gaslicht zu ersetzen.

Die städtische Straßenbeleuchtung ist heute an vielen Orten der Welt selbstverständlich und daher jedermann in ihrer Bedeutung vielleicht nicht mehr unmittelbar präsent, »es gibt sie einfach«. Aber die relative Helligkeit nachts auf den Straßen ist eine Basisgröße, die beim Nachdenken über neue Stadtbeleuchtungen neuerlich zum Ausgangspunkt werden sollte. Denn wie andere technische Errungenschaften veränderte sie das Leben in den Städten und letztlich auch in den ländlichen Gebieten grundlegend. Die vor rund 200 Jahren neue dauerhafte Beleuchtung erschloss den Bürgern die Freiräume der Nacht im Außenraum (vereinzelte Ansätze zur Beleuchtung der Straße gab es schon wesentlich früher). Diese »technisch« mit Licht zu erschließen, hatte damit einen demokratischen Charakter. Diese Beleuchtung war und ist für alle immer

da, geht es um den Aspekt der allgemeinen Sicherheit und der Linderung von Ängsten. Sie diente aber auch der Überwachung im polizeilichen Sinne. Die frühen Generationen von Straßenleuchten in Paris, eingerichtet vor der Revolution und finanziert aus dem Polizeibudget, wurden zum Symbol der alten Ordnung; ausgerechnet sie, die Réverbèren, wurden das eine oder andere Mal zu Galgen umfunktioniert. Und es kam während der Aufstände in Paris, Berlin oder Wien zu Laternenzerstörungen. Einmal aus praktisch-strategischen Gründen, denn die Dunkelheit machte es dem Militär schwieriger, die Aufständischen zu bedrängen, ein anderes Mal aus symbolischen Motiven: das öffentliche Licht galt als ein Schlüssel der Herrschaftsstruktur. Die Zerstörung der öffentlichen Beleuchtung während der Juli-Revolution war einer der Gründe für ihren Erfolg; das natürliche Dunkel entzog der Polizei die Herrschaft über die Nacht in Paris.

Solche Phänomene unterscheiden die öffentliche Beleuchtung vom Licht in den Innenräumen, sei es der 24-Stunden-Tag in Fabrikanlagen, sei es das private Licht unserer Wohnungen. Dabei ist bemerkenswert, dass künstliches Licht allmählich wieder entbehrlich wird. Automatisierte, von Robotern betriebene Fabrikationsanlagen arbeiten prinzipiell auch im Dunkeln. Einer der technischen Schlüssel der industriellen Produktion, die Fähigkeit, die Nacht zum Tag zu machen, wird seltsamerweise an Bedeutung verlieren. Es wird nie düstere

Fabriken geben, Geisterstätten; aber man kann – hypothetisch – ein neues Dunkel in den zentralen Zonen unserer Arbeitsmöglichkeiten prophezeien oder darüber nachdenken.

Dennoch: heute gilt für das elektrische Licht noch ähnliches wie für andere Techniken (das Auto, die Eisenbahn, die PCs) auf einem hohen allgemein verbindlichen Stand seiner Nutzer: es ist sehr egalitär. Abhängig ist es wie die gesamte Gesellschaft von den Energieträgern, den Energielieferanten und Energieverteilern, die die Stromerzeugung ermöglichen. Denkt man einmal in anderen als den gängigen modischen Mustern von Licht und etwas allgemeiner, kann man die inzwischen scheinbar banale Dauerpräsens des Lichts nachts und tagsüber wie ein sichtbares Muster einer der »realen« Grundlagen der gegenwärtigen Wirtschafts- und Gesellschaftssysteme verstehen: der überall und immer zur Verfügung stehenden elektrischen Energie. Man wünscht es sich zumindest so. Überall kann es licht und hell sein. Dieses System soll fast so funktionieren wie der nachts sichtbare Kosmos von »Mond und Sternen«, der uns seit jeher »erleuchtet«. Die vielen einzelnen Lichtpunkte unserer irdischen Welt sind, übertreiben wir ruhig ein wenig, die Zitate der imaginierten Sterne am Firmament.

Diese in uns fest etablierte »Idee von Licht« hat sicher einen hohen Anteil an der Faszination, dem Staunen und der Erleichterung, die vom Licht im Dunkel ausgeht. Unsere Sensibilität für Lichter ist so stark, dass wir uns eigentlich täglich und wieder und wieder über sie wundern können, ganz neben dem selbstverständlichen Komfort, den künstliches Licht bietet. Dieser archaische Bezug ist wohl der eigentliche Grund für die derzeitige Attraktivität neuer Beleuchtungskonzepte in den Städten, wirtschaftliche Belange sehen wir zunächst als Voraussetzung jeder öffentlichen Initiative. Mit den Konzepten

wandelte sich die Lichtcharakteristik in den Städten. Naheliegend sind die ersten Neuigkeiten meist technischer Natur. Den sehr schwachen, in ihrem Betrieb sehr aufwendigen Lichtquellen wie den ersten Öllampen, letztlich markierenden Leuchten, folgten leistungsstärkere Lichtquellen, die so hell waren, dass sich Licht flächig ausbreitete und es zu einer Grundhelligkeit auf den Straßen kam. Dazu war als erstes die Gasbeleuchtung fähig. Den nächsten Schritt machte die öffentliche Beleuchtung in den siebziger Jahren des 19. Jahrhunderts mit der Einführung des elektrischen, mit Reflektoren gerichteten Bogenlichtes. Es war sehr hell und führte hier und da zu bisher unbekannten Lichtpunkthöhen mit ganz anderen Lichtqualitäten. Je höher die Bogenlampen positioniert waren, umso weniger blendeten sie, tauchten aber ganze Straßenzüge in gleichförmiges Licht. In Europa hielten sich Bogenlampen vereinzelt bis in die zwanziger Jahre.

Zur entscheidenden Lichtquelle der öffentlichen Straßenbeleuchtung wurde für Jahrzehnte die elektrische Glühlampe, es hielten sich jedoch auch mit Gas betriebene Anlagen, bis heute etwa in Düsseldorf oder Lübeck. Die späteren dreißiger Jahre brachten die ersten Gasentladungslampen über die Straßen. Grundsätzlich muss man sich aber immer wieder vor Augen führen, dass die öffentliche Beleuchtung in den Städten ein sehr großes, von vielen Beteiligten »geschaffenes« System ist, das aus Millionen von Einzelteilen besteht und sich langsam aber sehr stetig immer weiter entwickelt. Technisch gesehen ist dieses System sehr banal. Aber seine interkontinentale Verbreitung und Existenz allein ist für sowohl unser tägliches Leben wie für Erfahrungswissen eine zwar nicht auffällige, dennoch aber bemerkenswerte Größe. Öffentliches Licht ist ein gängiges Phänomen wie es die asphaltierte Straße ist oder die vielen Autos, die uns umgeben. Es gehört damit einfach zu den Grundlagen unseres zivilisierten Lebens und Ausnahmezustände wie verdunkelte Städte in Kriegen waren und sind eine deprimierendere Realität. Licht als Synonym für städtisches Leben in der Nacht und Sicherheit ist dann verschwunden, das normale Leben ist »abgeschaltet«.

All diese Gedanken entstehen aus der Perspektive der Planer oder Betreiber des öffentlichen Lichtes, damit aus der Selbstverständlichkeit heraus, dass man Plätze und Räume, auf denen sich viele Menschen aufhalten, eben, wie immer, beleuchtet. Aber man kann sich fragen, für welchen Teil der Öffentlichkeit man genau Licht bestimmen will. Also: wo ist der zu beleuchtende öffentliche Raum? Welcher (Stadt-)Raum soll auch nachts verfügbar sein? Fraglos sollten Verkehrsflächen beleuchtet sein, damit man sich in der »Umgebung« dem individuellen Verständnis nach sicher bewegen kann. Doch wie kann man darüber hinaus differenzieren?

Die neu errichteten Lichtanlagen entwickeln die Grundlagen durch eine weiterreichende Differenzierung fort. Kennzeichen einer modernen Anlage

Entwicklung: Licht und Schatten im öffentlichen Raum

mit Außenbereich sind nicht mehr standardisierte Lösungen, die erst einmal normgerecht sind. Nein, es sind Beleuchtungslösungen, die ortstypisch sind, darauf gründet ihr Erfolg, die technisch up to date sind, damit unterscheiden sie sich von den gängigen Mustern, und die betreiberfreundlich sind. Betriebsdauer und Wartungskosten belasten die Budgets mehr als die Investition. Von diesen drei Punkten ausgehend lassen sich die besten Lösungen entwickeln.

Dabei ist erstmal die generelle Entwicklung in den Innenstädten zu berücksichtigen. Die Lichtlösungen setzen darauf und müssen ihnen entsprechen. Dass dies tatsächlich geschieht, kann man gut in den vergangenen Jahrzehnten verfolgen.

Für lange Zeit hatte »die Öffentlichkeit« einen repräsentativen Charakter, sie war dort, wo man sich sah, in der Stadt, ihren Plätzen, Straßen, Orten, die staatlich sind, »allen« gehören und leicht zugängliche Außenräume sind. Lange Zeit versuchten die Stadtplaner eine autogerechte Stadt zu entwickeln. Das führte zu einem Missbrauch der Innenstädte, zur Zerstörung der ursprünglichen Funktion ihrer Straßen und Plätze. Die Invasion der Autos und damit des Individualverkehrs verdrängte das auf den fußläufigen Bereich konzentrierte städtische Leben. Dagegen arbeiten langfristig orientierte Stadt- und Freiraumplaner seit geraumer Zeit an. Die nun geltende Devise ist, Innenstädte in den nächsten 10 – 20 Jahren möglichst autofrei zu organisieren.

Die dadurch neu definierten und entworfenen Plätze und Straßen benötigen deswegen eine Beleuchtung, die nicht für Autoverkehr, sondern für Fußgänger geschaffen ist. Natürlich gab es diese Vorschläge auch schon vor 50 Jahren. Aber die dezidierte Umkehr der Stadtplanung hin zu genau beschriebenen Bereichen des Verkehrs führte schon zu neuen Vorschlägen für geeignetes Licht. Die gängigen Ideen scheiden die Standards für Autostraßen und an Fußgänger orientierten Bereichen deutlich in zwei unterschiedliche Produktgruppen.

Aber das ist letztlich nur das europäische, in langer Zeit dort entstandene Verständnis städtischen Lebens. Es ist bestimmt durch eine historisch-politische Dimension der Stadtentwicklung mit ihren ortstypischen Qualitäten. Die moderne Stadtplanung außerhalb Europas und Amerikas wird vor allem durch quantitative Größen bestimmt, den immensen Zustrom von Menschen in die Ballungsräume. Der Lebensraum Stadt bietet schon heute mehr als der Hälfte der Erdbevölkerung irgendeine Bleibe. Das Wachstum dieser Megastädte ist kaum noch planbar; sie entstehen ja auch vor allem dort, wo die staatlichen Mittel für effiziente Infrastrukturmaßnahmen nicht reichen oder wo eine Besserung nicht gewollt ist. Diese Entwicklung und das damit einhergehende Chaos zu bewältigen, ist eine dramatische Aufgabe. Geplantes Licht wäre hier daher der legendäre Tropfen auf den heißen Stein. Wasser und Elektrizität, in der Folge vielleicht ein wenig Helligkeit in der Nacht, ist den Bewohnern der

Slums in den neuen Millionenstädten ein Segen, der nichts mit dem Verständnis europäischer »Städter« von ihrer Umgebung zu tun hat. »Beleuchtung« ist ein wichtiger Faktor zivilisierten Lebens; so wie »öffentliches Licht« dann realisiert wird, wird es dann aber in der Regel ein sekundärer Faktor der Stadtplanung sein; es verbleibt noch Zeit, bis dem künstlichen Licht ästhetisch mehr Bedeutung zugemessen wird. Für die Wahrnehmung der Stadt bestimmend bleibt das uninteressante Raster tausendfach aufgestellter Straßenleuchten, in den Ecken das interessantere aber ängstigende Dunkel der Nacht.

Es ist also nicht möglich, weltweit Standards für Licht in öffentlichen Räumen zu entwickeln – letztlich eine Binsenweisheit. Sie besagt, dass Licht, auch das künstliche, künftig immer mehr mit seiner unmittelbaren Umgebung im Zusammenhang stehen sollte. Pure Not wird mit nacktem Licht einhergehen, finanzkräftige Städte oder Stadtbezirke auf der einen Seite, historisch gewachsene Stadtstrukturen auf der anderen Seite werden sich vom grauen Alltag absetzen können und für die Stadtbewohner, also die Konsumenten, attraktiver werden.

Das heißt letztlich, dass die richtige Verwendung von Licht außen und innen künftig ein ganz klein wenig wichtiger wird. Dafür brauchen die traditionellen Städte Leitlinien, für die künftigen Städte braucht es neue Ideen zu ihrer Beleuchtung, die dem tendenziellen »Wildwuchs« der Stadtplanungen folgen, dabei langlebig sind und das Chaos noch interessanter machen.

Weiterführende Literatur

Bollmann, Stefan (Hrsg.): *Kursbuch Stadt*, DVA, Stuttgart 1999

Brandi, Ulrike; Geissmar-Brandi, Christoph: *Lichtbuch. Die Praxis der Lichtplanung*, Birkhäuser – Verlag für Architektur, Basel 2001

Brockhaus, Christoph (Hrsg.): *Stadtlicht – Lichtkunst*, Wienand, Köln 2004

Comer, Virginia: *Streetlights*, Balcony Press, Los Angeles 2000

Dinkla, Söke: *Am Rande des Lichts inmitten des Lichts*, Wienand, Köln 2004

Eaton, Ruth: *Die ideale Stadt*, Nicolai, Berlin 2003

Eckert, Martin: *Außenbeleuchtung*, Verlag Moderne Industrie, Die Bibliothek der Technik Bd. 123, Landsberg/Lech, 1996

Expo 2000 Hannover GmbH (Hrsg.): *Masterplan Licht/EXPO 2000 Hannover*, Dölling und Galitz, Hamburg 2000

Flagge, Ingeborg (Hrsg.): *Jahrbuch für Licht und Architektur*, Berlin 1994 ff.

Fördergemeinschaft Gutes Licht (Hrsg.): *Stadtmarketing mit Licht, Informationen zur Lichtanwendung Nr. 16*, Frankfurt/Main o. J.

Gehl, Jan; Gemzoe, Lars: *New City Spaces*, The Danish Architectural Press, Kopenhagen 2001

Gehl, Jan; Gemzoe, Lars: *Pubic Spaces Public Life*, Arkitektens Forlag, Kopenhagen 1996

Haus der Kunst München (Hrsg.): *Die Nacht*, Benteli Wabern/Bern 1998

Held, Gerd: »Stadtbeleuchtung«, in: Bittner, Regine (Hrsg.): *Urbane Paradiese*, Campus, Frankfurt/Main 2001

Lange, Horst: *Handbuch für Beleuchtung*, Ecomed, Landsberg/Lech 2005

Le Goff, Jaques: *Die Liebe zur Stadt*, Campus, Frankfurt/Main 1998

Leslie, Russell P.; Rodgers, Paula A.: *The Outdoor Lighting Pattern Book*, McGrawHill-Rensselaer, New York 1996

Narboni, Roger: *La lumière et le paysage – créer des paysages nocturnes*, Le Moniteur, Paris 2003

Narboni, Roger: *La luminière urbaine – éclairer les espaces publics*, Le Moniteur, Paris 1995

Neumann, Dietrich: *Architektur der Nacht*, Prestel, München 2002

Podrecca, Boris: *Offene Räume/Public Spaces*, Springer, Wien 2004

Poulsen, Louis (Firmenbroschüre, Hrsg.): *Außenbeleuchtung* o.J.

Prigge, Walter (Hrsg.): *Peripherie ist überall*, Campus, Edition Bauhaus Frankfurt/Main 1998

Schivelbusch, Wolfgang: *Lichtblicke*, Carl Hanser, München 1983

Schlör, Joachim: *Nachts in der großen Stadt, Paris Berlin London 1840–1930*, Artemis und Winkler, München 1991

Schmals, Klaus M. (Hrsg.): *Was ist Raumplanung? Dortmunder Beiträge zur Raumplanung 89*, Institut für Raumplanung Universität Dortmund, Dortmund 1999

Selle, Klaus: *Was ist los mit den öffentlichen Räumen?* Dortmunder Vertrieb für Bau- und Planungsliteratur, Dortmund 2003

Stadt Braunschweig (Hrsg.): *Lichtparcours*, Braunschweig 1999

Stemshorn, Max (Hrsg.): *Dream City – Zur Zukunft der Stadträume*, Hatje Cantz, Ostfildern-Ruit 2001

Terzi, Corrado (Hrsg.): *Lighting Plans*, Editoriale Domus/iGuzzini, Mailand 2001

Van Santen, Christa: *Lichtraum Stadt, Lichtplanung im urbanen Kontext*, Birkhäuser – Verlag für Architektur, Basel 2006

Zajonc, Arthur: *Die gemeinsame Geschichte von Licht und Bewusstsein*, Rowohlt, Reinbek 1994

Zumthor, Peter; Beer, Ivan; Mathieu, Jon: *Wieviel Licht braucht der Mensch, um leben zu können, und wieviel Dunkelheit?* vdf Hochschulverlag/Editrice Compositori, Zürich/Bologna 2006

Licht im Netz:

www.licht.de
www.on-light.de
www.strassenlicht.de

Städtische Beleuchtungskonzepte und die Qualität des öffentlichen Raums

Seit Ende der achtziger Jahre präsentiert sich das Problem der städtischen Beleuchtung fast überall auf der Welt immer wieder aufs Neue, nicht nur in Europa. Dies liegt zum Teil daran, dass Städte und Gemeinden sensibilisiert sind für die notwendige Optimierung und Verschönerung des städtischen Lebensraums, häufiger jedoch ist politischer Weitblick der Grund für die immer größer werdende Bedeutung, die dem Thema der Stadtbeleuchtung beigemessen wird. In jedem Fall spielt der mittlerweile nicht mehr umkehrbare, veränderte Lebenswandel der Stadtbewohner eine entscheidende Rolle, denn ein Großteil des gesellschaftlichen Lebens spielt sich nunmehr am Abend und in der Nacht ab.

All dies führt sogar in Italien, wo das Thema Beleuchtung bis auf wenige Ausnahmen ein Stiefkind der Stadtplanung und –entwicklung geblieben ist und fest in traditionellen Maßnahmen verankert bleibt, zu einem Umdenken, so dass immer häufiger ausgefeiltere und kreativere Ideen zur Beleuchtung von Straßen und Plätzen umgesetzt werden. Revolutionär sind die bisherigen Maßnahmen keineswegs, aber Experimentierfreude und mutige Ansätze sind schwer umzusetzen, wenn man zwischen den Stühlen sitzt: auf der einen Seite die Techniker, Vertreter orthodoxer, rein funktioneller Beleuchtungsmethoden, die hieraus eine substantiell »ethische« Frage machen und auf der anderen Seite die für Kulturgüter zuständigen Behörden, die sich einer Ideologie verschrieben haben, deren Leitsatz besagt: »Das beste künstliche Licht ist das natürliche«.

Doch es liegt Veränderung in der Luft. Langsam aber sicher formiert sich auch in Italien eine Generation junger Ingenieure und Architekten, die völlig neue, noch unentdeckte Wege beschreiten wollen. Sie sind sich bewusst, dass das Projekt »Licht und Beleuchtung« – insbesondere im städtischen Bereich – ohne ein interdisziplinäres Zusammenwirken der verschiedenen Kompetenzen einer jeden einzelnen Initiative nicht ohne Qualitätseinbußen zu meistern ist. Dies gilt ebenso für den produktiven Bereich, denn auch die italienische Beleuchtungsindustrie verzeichnet vor allem bei Qualitätsstandards und in der technologischen Forschung stetigen Fortschritt.

Es ist erforderlich, an dieser Stelle noch einmal die fundamentalen Konzepte darzulegen, auf denen sich dieser neue, wenn auch nicht mehr ganz so junge Denkansatz zum Thema öffentliche Beleuchtung gründet. Zum einen, um das Szenario, in dem sich die heutige Designkultur für die Beleuchtung öffentlicher Plätze entwickelt, zu aktualisieren und zum anderen, um noch einmal auf die dringliche Notwendigkeit hinzuweisen, die Ziele und Inhalte der städtischen Beleuchtungsplanung – vor allem in Italien – zu überdenken.

Glockenturm der Markuskirche in Venedig;
auf der linken Seite die neue Beleuchtung seit
2005, auf der rechten Seite die Ansicht aus
der Lagune

Glockenturm in Berching während der »Berchi-
nale des Lichts« 2005

Die Stadt bei Nacht

Der Grundstein für innovatives Städtebeleuchtungsdesign wurde endgültig zum Ende
der siebziger Jahre gelegt, als sich durch die Darstellung nächtlicher Metropolen im Kino
bereits in den Jahren zuvor zunehmend das Bewusstsein einstellte, dass sich die Stadt bei
Nacht erheblich von der Stadt bei Tage unterscheidet. Die Stadt bei Nacht führt nicht nur
ein eigenständiges sondern auch ein wesentlich aufregenderes und spannenderes Leben.
Werke, wie die von Robert Venturi und Co. über Las Vegas, die in der Architektur die
Postmoderne begründeten und die Popkultur der sechziger Jahre verwirklicht sehen wollten und die zur gleichen Zeit von der Frankfurter Schule ausgesprochene Kritik an der
funktionellen Knauserigkeit der rationalistischen Stadt setzten eine genuine und »positive«
Reflektion über die Natur des zeitgenössischen städtischen Raums in Gang, die bis in die
heutige Zeit anhält.
Im Zeitalter des Überflusses, der medialen Expansion und sich unablässig beschleunigen
der sozialer Veränderungen verschwindet langsam im Licht der Neonflächen und
Megascreens die expressionistische Vision der nächtlichen, der dunklen Stadt: die Stadt als
Symbol und Metapher für Ruhelosigkeit und Unrast.
Die Notwendigkeit einer auch in der Nacht lebenswerten Stadt entspringt natürlich nicht
der Beleuchtungstechnik, sie nimmt jedoch im Zusammenspiel mit modernen urbanen
Bräuchen, unter dem aggressiven Vorstoß der Werbeindustrie und des Freizeitkonsums
immer mehr Gestalt an – ähnlich der Entwicklung in der ersten Hälfte des 20. Jahrhunderts,
als sich die bürgerliche »Ville lumière«, die Stadt des Lichts, entwickelte, für die sich
Le Corbusier so begeisterte.
Die architektonische Idee einer »anderen« Stadt bei Nacht jedoch, in der Raum ist für Kunst
und Symbolik, für Geschichten und Wunder, entspringt der Intuition von Meistern wie
Venturi, Schwartz und wenigen anderen, die die neuen strukturellen Möglichkeiten des
künstlichen Lichts als »konstruktives« Werkzeug verstehen, und nicht als bloßes Mittel zur
Präsentation und Verschönerung von Bauwerken.
Das Bewusstsein, dass es eine Dimension gesellschaftlichen kollektiven Lebens gibt, das
der Nacht gehört, bringt unwiderruflich die Frage ans Licht, wie und mit welchen Mitteln
die Stadt bei Nacht zu gestalten ist, ohne den physikalischen, funktionalen und morphologischen Charakter der Stadt bei Tage außer Acht zu lassen.
Dies ist die aus architektonischer und stadtplanerischer Sicht konzeptionelle Grundlage für
die Stadtbeleuchtung der Gegenwart und Zukunft.

Funktionelle Beleuchtung und Funktionen des Lichts

Bis heute fällt städtischen Beleuchtungskonzepten fast überall die ausschließliche Funktion zu, die Sicherheit auf den Straßen zu steigern. Aufgrund dessen fällt es immer noch
schwer, dem Licht die ihm gebührende Rolle in der Wahrnehmung und Definition des
nächtlichen Stadtbilds zuzuweisen.
Natürlich darf nicht die Notwendigkeit verleugnet werden, der Kriminalität und den zahlreichen Verkehrsunfällen in den Städten Einhalt zu gebieten und dass dies dort, wo es
gelungen ist, ein verdienstvolles Ziel ist. Auch wird nicht außer Acht gelassen, dass in der
Vergangenheit eine solche Einschränkung technische und ökonomische Gründe hatte.
Es ist jedoch festzustellen, dass die Sicherheit auf den nächtlichen Straßen zwar immer
noch ein grundsätzliches aber weder das wichtigste noch das einzige Problem darstellt.

Ähnliches geschieht beispielsweise auch im Bereich der Straßenbefestigung – wenn auch auf einer ganz anderen Ebene.

Über Jahrzehnte hinweg wurden Städte flächenweise zuasphaltiert: Straßenbeläge aus uniformem Bitumen in allen Bereichen, die in irgendeiner Form dem Verkehr per Auto, Fahrrad oder zu Fuß dienen: auf Straßen, Plätzen, Bürgersteigen, auf den Alleen in den historischen Parkanlagen und Gärten, sogar Bereiche des Forum Romanum in der italienischen Hauptstadt wurden geteert.

Ausschlaggebende Gründe hierfür waren wohl Komfort, Sicherheit und Wirtschaftlichkeit. Dann plötzlich entdeckte man den Sinn und die Bedeutung des Straßenbelags für die Gestaltung öffentlicher Plätze und in der Denkmalpflege wieder und begann in den letzten Jahren, neue Straßenbeläge zu entwerfen oder die alten, unter den hässlichen Bitumenschichten verborgenen Beläge wiederherzustellen.

Die Fragen, die sich im Rahmen der Beleuchtung des öffentlichen Raums stellen, sind wesentlich komplexer, aber auch hier weicht der rein funktionelle Gedanke einer kulturell orientierten Denkweise. Künstliches Licht ist aufgrund seiner selektiven Eigenschaften ein entscheidendes Instrument, um Einfluss darauf zu nehmen, wie ein öffentlicher Raum wahrgenommen wird: der Einsatz künstlichen Lichts ermöglicht uns, strukturelle Säulen und morphologische Unterscheidungsmerkmale in den Städten wiederzuentdecken und damit den Schlüssel zur Wiederherstellung einer heutzutage immer unsicherer werdenden urbanen Identität in der Hand zu haben.

Insbesondere im Hinblick auf die Altstädte und auf Orte von großer künstlerischer und historischer Bedeutung manifestiert sich immer mehr der Gedanke, den Bereich der künstlichen Beleuchtung als einen wesentlichen Bestandteil in die historische Stadtrestaurierung und -sanierung zu integrieren – eben wegen der Eigenschaft des Lichts, Details hervorzuheben und gleichzeitig eine neue Wahrnehmung des Ganzen zu schaffen, um so längst vergessene Eindrücke und ursprüngliche Hierarchien wiederherzustellen, die im tageslichten urbanen Chaos schwer zu finden sind.

Volksplatz, Ascoli Piceno, Italien

Beleuchtung mittels durchgängiger Systeme

Die Verbindung zwischen der zuvor angedeuteten Beleuchtung städtischer Denkmäler und der Altstadtsanierung wird natürlich nicht aus der reinen Feststellung geboren, dass eine konvergente und reziproke Beziehung zwischen den beiden Maßnahmen besteht, sondern aus der Notwendigkeit heraus, einen präzisen methodologischen Referenzrahmen zu schaffen. Es geht tatsächlich darum, auch im Bereich der architektonischen und denkmaltechnischen Beleuchtung das Konzept der untrennbaren Beziehung zwischen dem Objekt und seiner Umgebung einzuführen, eine der Säulen, auf die die Altstadt- und Landschaftssanierung im Allgemeinen steht.

Der materielle, visuelle und morphologische Kontext bildet im Zusammenspiel mit der urbanen und funktionalen Umgebung ein Beziehungsgeflecht, in dem Geschichte, Kunst und Landschaft ihrer Bedeutung und Daseinsberechtigung Ausdruck verleihen. Dabei darf man sich zumeist nicht nur auf den direkten, sofort sichtbaren Zusammenhang beschränken, da sich die für die Interpretation der Städte essentiellen Beziehungen und bedeutsamen Verbindungen über ein wesentlich weiteres Umfeld erstrecken. Man denke dabei nur an das barocke Rom zwischen Piazza del Popolo und Piazza Venezia.

Lichttechnisch gesehen ist das Konzept der Einheit von Objekt und Kontext von zentraler Bedeutung. Zusammen mit einem weiteren, ergänzenden Konzept, das der kompositionellen Hierarchie, muss das Einheitskriterium als zentral erachtet werden, vor allem, wenn man die Interpretationsrisiken berücksichtigt, die künstliches Licht auslösen kann, wenn es auf Objekte projiziert wird, die in völliger Dunkelheit liegen.

Das alte Konzept, Licht, oft sogar verschwenderisch übertrieben, einzusetzen, um einzelne Objekte kontextlos isoliert hervorzuheben, scheint tatsächlich langsam der Vergangenheit anzugehören, zumindest unter kulturell sensibilisierteren Planern.

Auf theoretischer Ebene – mehr als auf praktischer – entfernt man sich immer weiter von der Idee, das nächtliche Stadtbild anhand einer Reihe undefinierter, fast immer zufälliger »Coups de Théatre« zu inszenieren, die so überraschend sie auch sein mögen, das Objekt aus seinem Zusammenhang reißen.

Der Tradition, Beleuchtung ausschließlich punktuell einzusetzen, geht das Konzept voraus, die nächtliche Stadt für einen Ort der Verdammung zu halten, an dem man der Belagerung durch die Dunkelheit bis zum nächsten Morgengrauen so gut wie möglich standzuhalten hat. Unter diesen Voraussetzungen entspricht das Bedürfnis, die bekanntesten Sehenswürdig-keiten der Stadt punktuell zu bestrahlen, einer tief liegenden Notwendigkeit, wenigstens die fundamentalen Zeichen der urbanen Identität vor dem Einbruch der Dunkelheit zu retten.

Aus dieser Tatsache heraus ist es nicht verwunderlich, dass letztendlich nur das einzelne Objekt, die einzelne Fassade oder, bestenfalls, ein einzelner Platz beleuchtet wird. Leider führt dies zu einer weiteren Fragmentierung und Zerstörung des städtischen Gesamtbilds, einer Verfälschung der Beziehung zwischen öffentlichem Raum und Architektur und einer verzerrten Wahrnehmung deren Bedeutung.

Die größten Hindernisse, die es zu überwinden gilt, bauen jedoch die jeweiligen Auftraggeber – egal, ob privat oder öffentlich-rechtlich –, die es aus politischen oder wirtschaftlichen Beweggründen vorziehen, nur einzelne Objekte in Angriff zu nehmen, gefolgt vom aktuellen Mechanismus des Sponsorings, der dazu führt, dass nur dort aktiv gehandelt wird, wo der Bekanntheitsgrad des Objekts an sich entsprechende Aufmerksamkeit garantiert.

Die Regie des Lichts im öffentlichen Raum

Die nächtliche Entzerrung des urbanen Schauplatzes ermöglicht es nicht nur, Objekte selektiv in Szene zu setzen, sondern auch, das Gesicht des öffentlichen Raums so umzugestalten, dass die ursprüngliche Bedeutung der Stätte wiedergefunden oder eine neue Bedeutung geschaffen wird. Es ist also vor allem möglich, die Aspekte zu betonen, die für hervorhebenswert gehalten werden und somit eine Hierarchie unter den Objekten im Zusammenhang zu schaffen. Die kompositionelle Einheit des Raumes wird so wieder hergestellt und die Struktur und Historie der antiken Stadt erkennbar gemacht. Auf ähnliche Weise, nur mit anderen Mitteln, kann in neueren Städten, wo dieses Problem von der Stadtplanung und –architektur stets ignoriert wurde, dem öffentlichen Raum ein starker Identitätsfaktor gegeben werden.

Wenn das Ziel die Schaffung eines stimmigen Bilds der Stadt bei Nacht ist, dann ist es unverzichtbar, auf planerischer Ebene der Beleuchtung eine regieführende Rolle zu geben, die nicht nur die direkte Umgebung des Objekts berücksichtigt, sondern auch die visuellen, strukturellen und symbolischen Beziehungen in einem ganzen Stadtteil oder sogar im gesamten Stadtgebiet in Betracht zieht.

Anzeige iGuzzini illuminazione

Regieführung bedeutet in diesem Fall festzulegen, was an einem bestimmten Platz oder in einem gesamten Stadtteil unter Berücksichtigung der urbanen, morphologischen, funktionellen und historischen Merkmale wie beleuchtet werden muss.

Dabei hat eine ausdrucksstarke und präzise Intention, die den künstlerischen Inhalt des Projekts bestimmt, der leitende Grundgedanke zu sein, was insgesamt als spezifischer »Mehrwert« des Lichtdesigns im öffentlichen Raum definiert werden kann.

Aus konzeptioneller Sicht übernimmt die Regie des Lichts die Verantwortung für eine »kultivierte« Interpretation der zu beleuchtenden Stätte und hängt als solche nicht nur von deren Eigenschaften und Merkmalen ab, sondern gleichzeitig auch von der Kultur und Sprache des Planers.

Durch eine solche konzeptionelle und technische Koordination will man erreichen, dass jedes urbane Beleuchtungsprojekt genau den vom Planer gewünschten Effekt erzielt, sich aber gleichzeitig in Bezug zum gesamten Nachtbild der Stadt setzt, damit die vom Auge gewonnenen Eindrücke sich entlang eines oder mehrerer Erzählstränge orientieren können. Es soll also anhand des Einsatzes von Licht keine neutrale, sondern eine ästhetische Interpretation der Stadt erreicht werden, die über ein wohlerdachtes System von Hierarchien und Unterschieden den Stätten eine profunde Identität und eine Ausdrucksmöglichkeit verschafft, die ihnen am Tage versagt bleibt.

Mit anderen Worten: ein urbanes Beleuchtungskonzept bedeutet, die Wahrnehmung der Stadt bei Nacht gezielt zu leiten.

Die Urbanistik des Lichts

Die Notwendigkeit, das Problem der Stadtbeleuchtung systematisch auf der Grundlage eines strategischen Masterplans und nicht nur rein normativ anzugehen, zieht die Notwendigkeit nach sich, geeignete Instrumente zur Verfügung zu stellen, die einerseits die Übereinstimmung der einzelnen, sich im Laufe der Jahre entwickelnden Projekte mit dem Licht-Masterplan regeln und andererseits die Übereinstimmung des Plans mit den aktuell gültigen oder in Ausarbeitung befindlichen städtebaulichen Anforderungen und Vorschriften. Aus Sicht der Planungsbestimmungen und –regularien bedeutet dies die Entwicklung einer eigenständigen Urbanistik des Lichts und die endgültige Festlegung von Methodologien, Instrumenten und auch der Terminologie, die sich zum jetzigen Zeitpunkt immer noch im Definitionsprozess befinden.

In einigen Ländern, in denen dieser Ansatz bereits seit einigen Jahren umgesetzt wird, stieg die Qualität der Projekte und die kulturellen und technischen Voraussetzungen der öffentlich rechtlichen Hand auf ein zufriedenstellendes Maß, in einigen Fällen konnten sogar exzellente Ergebnisse erzielt werden.

In Italien begann dieser Prozess eher etwas zögerlich und später als in anderen Regionen, doch mit Projekten wie dem von Enel initiierten Programm »Luce per l'Arte«, Initiativen zur Planung einer fortschrittlichen Stadtbeleuchtung wie denen von Turin, Rom, Bergamo oder jetzt auch Mailand sowie der Forschungsarbeit der in der Beleuchtungstechnik marktführenden Unternehmen und dem Einsatz der Berufs- und Unternehmensverbände für die kulturelle Förderung des Lichts in der Stadt, zeigen sich auch in Italien erste Ansätze einer neuen Denkweise, die nicht nur wünschenswert ist, sondern mittlerweile auch realisierbar erscheint – vorausgesetzt, es entsteht ein reger Austausch zwischen allen zuständigen Kompetenzen unter Einbeziehung der Verwaltungs- und Rechtsorgane vor Ort über methodologische und regulatorische Themen – was auch das Ziel dieses Beitrags ist.

Umgebungsrelevanter Licht-Masterplan

Eine Urbanistik des Lichts, die den Anforderungen einer modernen zeitgenössischen Stadt und einer Lebensart gerecht wird, die den öffentlichen Raum lebt und belebt, darf sich weder auf die reine Definition von Leistungsstandards noch auf eine simple Klassifizierung der Straßenbeleuchtung auf der Basis von Parametern beschränken, die von nationalen und internationalen Verkehrsregeln diktiert wird. Ein Instrument zur Planung der städtischen Beleuchtung muss sich weiter gesteckte Ziele setzen. Die Einhaltung von Normen und technischen Standards ist dabei Ausgangspunkt, nicht Ziel eines städtebaulichen Projekts. Wie bereits erwähnt, ist es notwendig, die Denkweise einer rein »taktischen« Beleuchtungsplanung, die auf eine begrenzte Anzahl qualitativer Projekte beruht und auf einer standardisierten rein funktionellen Beleuchtungstechnik aufbaut, hinter sich zu lassen und sich vielmehr einer Denkweise zuzuwenden, die die städtische Beleuchtung strategisch angeht und auf einheitliche, miteinander verknüpfte Projekte setzt, in der die strikte Trennung von funktioneller Straßen- und künstlerischer Objektbeleuchtung aufgehoben wird. In diesem Konzept wird auch nicht mehr zwischen urbanem Standort und Denkmal unterschieden. Vielmehr wird von einem sogenannten »Umgebungskonzept« der strukturellen Wechselbeziehung zwischen einem Objekt und seiner Umgebung gesprochen. Wir schlagen deshalb vor, dem Beispiel Roms mit seinem PGIA – Piano Generale dell'Illuminazione Ambientale zu folgen und mit dem Terminus »umgebungsrelevante Licht Masterpläne« solche Beleuchtungspläne zu bezeichnen, die unter Berücksichtigung der Umgebung im gesamtgestalterischen Rahmen erstellt werden und die Aufgabe haben, die allgemeinen Richtlinien für die Stadtbeleuchtung und die einzusetzenden Maßnahmen unter Berücksichtigung konzeptioneller Überlegungen festzulegen. Eine solche Umbenennung sollte natürlich nicht aus reiner Willkür erfolgen, bloß um einem alten Konzept ein neues Gewand anzulegen, sondern mit dem neuem Begriff soll das Bewusstsein für eine völlig neue Denkweise geschärft werden. Der neue Terminus sollte vor allem die Bereitschaft ausdrücken, punktuelle künstlerische Lichtkonzepte in die weitreichendere Strategie einer umgebungsrelevanten Beleuchtung einzubinden und funktionelle mit künstlerisch-architektonischen Beleuchtungskonzepten zu verknüpfen, um somit ein einheitliches, in sich stimmiges Stadtbild zu schaffen.

Die Sultan Hassan Moschee, Kairo, Ägypten

iGuzzini illuminazione

Das Unternehmen

iGuzzini wurde 1958 gegründet und gehört der Holdinggesellschaft Fimag an, die die Unternehmen der Gruppe Guzzini (Teuco Guzzini, F.lli Guzzini, Telma) kontrolliert.

Der Hauptsitz befindet sich im italienischen Recanati in den Marken und verfügt über ein Betriebsgelände von 120 000 qm, davon 52 200 qm bebaute Fläche.

Das Unternehmen unterhält 17 Handelsagenturen in Italien, insgesamt neun Filialen in Deutschland, Frankreich, Spanien, Großbritannien, Norwegen, Dänemark, Schweiz, Belgien, Hongkong sowie Alleinvertriebsunternehmen weltweit.

Im Jahr 1995 wurde das Centro Studi e Ricerca iGuzzini mit dem Anliegen gegründet, einen Beitrag zur kulturellen Debatte durch Vertiefung der verschiedenen Aspekte des Lichts zu liefern, sowohl bezogen auf seine physikalische Natur als auch auf die umfassenderen und komplexeren Aspekte, die mit der menschlichen Wahrnehmung im Zusammenhang stehen.

Das ISO 9001-zertifizierte Unternehmen iGuzzini ist italienischer Marktführer auf dem Gebiet der Beleuchtungstechnik und platziert sich unter den ersten fünf europäischen Unternehmen des Sektors.

Im Jahr 2005 wurde ein konsolidierter Umsatz von 167 Millionen Euro erzielt.

Die Zahl der Angestellten beläuft sich auf 971.

Die Gesellschaft wird von Giannunzio Guzzini als Präsident und Adolfo Guzzini, Geschäftsführer und verantwortlich für die Unternehmensstrategie geleitet.

Der Tätigkeitsbereich

Den effizienten Gebrauch des Lichts planen. So könnte man den Kern der Tätigkeit von iGuzzini illuminazione knapp definieren.

Lichtplanung erschöpft sich nicht in der Produktion von Leuchten. Es geht vielmehr darum, eine Lichtregie zu führen, verschiedene Lichtquellen zu kombinieren und sie unter Beachtung der in den verschiedenen Umgebungen ausgeübten Funktionen aufeinander abzustimmen.

Eine Produktionstätigkeit, die sich im Lauf der Jahre auf Forschungsinvestitionen, auf die produktionstechnische Innovation, auf die Zusammenarbeit mit namhaften internationalen Designern und Architekten wie Luigi Massoni, Giò Ponti, Rodolfo Bonetto, Bruno Gecchelin, Renzo Piano, Gae Aulenti, Piero Castiglioni und Lord Norman Foster stützte.

Die iGuzzini Leuchten kommen in unterschiedlichen Bereichen zur Anwendung: für Stadtausstattungen, in Museen, Geschäften, Hotels.

Installationen von iGuzzini Leuchten findet man rund um den Globus: in den Ferrari Showrooms, im Concept Store Armani in Hongkong, im Grand Louvre in Paris, im Museo della Galleria Borghese in Rom, im Beaubourg in Paris, im Luxor-Tempel in Ägypten, in der holländischen Sektion des Ermitage-Museums in St. Petersburg, im Museo de Bellas Artes in Havanna, im North Greenwich Transport Interchange und im Londoner Flughafen Heathrow, in den neuen Terminals E des Flughafens Charles De Gaulle in Paris, im Mercedes-Designzentrum in Stuttgart.

1997 hat iGuzzini als erstes Privatunternehmen das Museum der Galleria Borghese in Rom im Rahmen des Abkommens Veltroni-Fossa »adoptiert«.

Das gleiche Vorgehen diente als Modell für das Sponsoring im Centre Nationale George Pompidou (Beaubourg).

Dem Unternehmen wurden zahlreiche Preise verliehen: Compasso d'Oro 1989 für die Leuchte Shuttle von Bruno Gecchelin, den 1991 der Gruppe Guzzini zuerkannten Preis für die »Leistung, mit den Jahren eine sehr kohärente Planungs- und Produktionsphiloso-phie entwickelt zu haben, in der die Designkultur den gemeinsamen Nenner und ein Unter-scheidungselement begründete«, den Compasso d'Oro 1998 für die Leuchte Nuvola von Piano Design Workshop und den vom Industrieforum Hannover vergebenen Preis iF für den Strahler Le Perroquet von Piano Design Workshop.

1998 erhielt iGuzzini den Guggenheim-Preis als Anerkennung für die konstanten Bemühun-gen im kulturschaffenden Bereich.

Für weitere Informationen: http://www.iguzzini.com

Anzeige iGuzzini illuminazione

Abbildungsnachweis:
Abbildung S. 44/45:   © DaimlerChrysler AG
Abbildung S. 47:   © International Dark Sky Association und W.T. Sullivan (Bilddaten erhoben von:
                           Defense Meteorological Satellite Program)
Abbildungen S. 112:   © Peter Wels, Hamburg
Alle übrigen Abbildungen wurden von den Autoren zur Verfügung gestellt.
Wir haben uns bemüht, alle Abbildungen korrekt zuzuordnen und alle Rechte einzuholen. Sollten Fehler
oder Unterlassungen aufgetreten sein, bedauern wir dies aufrichtig.

Herausgeber:
Ulrike Brandi Licht
Lichtplanung und Leuchtenentwicklung GmbH
Stadtdeich 27
20097 Hamburg
www.ulrike-brandi.de

Autoren:
Ulrike Brandi, Christoph Geissmar-Brandi, Hamburg

Illustrationen:
David von Bassewitz, Hamburg

Layout und Satz:
Christina Hackenschuh, Stuttgart
Cover:
Muriel Comby, Basel; Christina Hackenschuh, Stuttgart

Bibliografische Information der Deutschen Bibliothek.
Die Deutsche Bibliothek verzeichnet diese Publikation in der Deutschen Nationalbibliografie; detaillierte
bibliografische Daten sind im Internet über <http://dnb.ddb.de> abrufbar.

© 2007 Birkhäuser – Verlag für Architektur, Postfach 133, CH-4010 Basel, Schweiz
Ein Unternehmen der Fachverlagsgruppe Springer Science+Business Media
Gedruckt auf säurefreiem Papier, hergestellt aus chlorfrei gebleichtem Zellstoff. TCF ∞
Printed in Germany
ISBN-10: 3-7643-7628-7
ISBN-13: 978-3-7643-7628-4
987654321
www.birkhauser.de